河南工程学院博士基金项目（D2014039）：
市场统一视角下农户农地流转调控研究——以河南省典型农区为例
河南省高等学校青年骨干教师资助项目（2012GGJS-189）：
土地流转与农业适度规模经营——基于河南省粮食主产区典型农户调查的实证分析

市场分割下农户农地流转行为研究

以河南省郑州市为例

张建华　著

WUHAN UNIVERSITY PRESS
武汉大学出版社

图书在版编目(CIP)数据

市场分割下农户农地流转行为研究:以河南省郑州市为例/张建华著.—武汉:武汉大学出版社,2017.12
ISBN 978-7-307-19957-6

Ⅰ.市… Ⅱ.张… Ⅲ.农村—土地流转—行为分析—中国 Ⅳ.F321.1

中国版本图书馆 CIP 数据核字(2017)第 325375 号

责任编辑:林 莉　　责任校对:汪欣怡　　版式设计:马 佳

出版发行:**武汉大学出版社**　(430072 武昌 珞珈山)
(电子邮件:cbs22@whu.edu.cn 网址:www.wdp.com.cn)
印刷:虎彩印艺股份有限公司
开本:720×1000 1/16　印张:14.75　字数:206 千字　插页:1
版次:2017 年 12 月第 1 版　2017 年 12 月第 1 次印刷
ISBN 978-7-307-19957-6　定价:48.00 元

前　　言

土地是农业生产最基本的生产要素和保障国家粮食安全的基础，尤其在中国，土地是农村最基本的生产资料和大多数农民的命根子，承载着向农民提供收入、满足就业、稳定预期和提供社会保障等多重功能。农村土地的特殊作用、人多地少的资源禀赋状况和家庭联产承包责任制的制度环境形成了中国目前土地细碎化和以小规模农户分散经营为主的农业发展格局，这不仅导致农业生产的小规模、高成本、低效益等一系列问题，而且也直接影响了农民增收和农村发展。随着我国社会主义市场经济体制的建立和逐步完善，特别是农村经济的发展和市场化、传统农业向现代农业的转型以及农村劳动力向非农产业和城镇转移，农村土地流转即农户家庭土地承包经营权流转开始自发形成。

农村土地流转是中国家庭联产承包责任制创新发展的客观需要，是全面推进新型农业现代化、新型工业化和新型城镇化协调发展的必然要求，也是农民(农户)自主意愿的表达并且已经进入国家政策鼓励和法律规范阶段，然而在现实中土地流转并未呈现期望中的良好发展格局，流转规模仍然较小、农地流转比例与农户参与比例仍然偏低，普遍存在具有流转意愿的农户未能实现流转的现象。造成这一现象的原因是什么？政府又应当采取怎样的政策措施促进农户流转意愿的实现？从宏观层面看，我国农地流转多发生在村庄内部，以村庄为单位的分割型市场导致的高昂交易成本阻碍了土地流转交易的实现；从微观层面看，农户是农村土地流转的决策主体，必须强调农户的主体地位、注重倾听农户的声音、深入了解农户真实的土地流转需求，只有把握住农户流转意愿与行为的特殊影响因素，对其加以正确引导，才有可能促进农地流转的顺利实现。

基于此，本书把宏观的市场视角和微观的农户视角相结合，选择河南省郑州市、巩义市、中牟县的四个典型村落为研究区域，利用677户农户的农地流转意愿与行为的入户调研数据，以完全竞争市场假设、大市场理论、规模经济理论、农户行为理论等为理论基础，综合运用供求分析、局部均衡分析、计量经济分析、比较分析、模拟分析等研究方法，对市场分割下农户农地流转行为的交易特性、市场分割下农户农地流转行为的特征及影响因素进行了实证研究，重点剖析了市场统一下农户土地流转的情景模拟及干预效果，最后提出促进和规范农户土地流转的政策建议。研究发现，样本区域农户农地流转意愿与实际流转行为之间存在明显偏离，农户农地流转的意愿未能充分实现；样本区域农村土地流转市场处于严重的市场分割与不完善状态，这阻碍了农户农地流转意愿的实现，导致农地流转只能在低水平下重复进行；市场分割下流转价格是显著影响农户流转行为的最关键因素，而流转供求双方意愿流转价格的不匹配是影响农户流转意愿实现的主要原因；意愿转出土地农户相对集中的租金水平明显高于意愿转入土地农户相对集中的租金水平，显著影响转出农户和转入农户意愿租金水平的因素并不完全相同；在一定条件下，当单个村域的土地流转市场打破村庄的行政界限，无论是与另一单个村庄两两形成统一市场还是和其他多个村庄形成统一市场，相对于市场分割，统一市场的流转均衡量往往都会增加；实施一定的政策干预后，土地流转市场的均衡状况明显改善。

目 录

第1章　绪　　论

1.1　研究背景

1.1.1　农地流转是家庭联产承包责任制创新发展的客观需要

“三农”问题始终是影响和制约中国经济、社会乃至政治发展的根本性问题，而农村土地问题则是中国“三农”问题中最基本和最核心的问题。土地是人类赖以生存的最基本资源，是农业生产最基本的生产要素和保障国家粮食安全的基础，是中国农村最基本的生产资料和绝大多数农民的命根子，承载着向农民提供收入、满足就业、稳定预期和提供社会保障等多种重要功能。与农村土地尤其是耕地的重要性相比，中国的耕地资源状况却不容乐观，受生态退耕、非农建设占用、农业结构调整以及灾害损毁等因素影响，全国耕地面积持续减少，2011 年全国耕地面积仅为 18.2476 亿亩，同比净减少 49 万亩，这是自 1996 年以来连续第 15 年减少，按 2011 年末全国 13.4735 亿人口数计算，人均耕地面积仅 1.35 亩，还不到世界平均水平的一半(李有军，2012)。“人增地减”和“人多地少”的人地关系矛盾已成为中国现代化进程中最突出的问题之一。

形成于 20 世纪 70 年代末 80 年代初的家庭联产承包责任制是我国

农村的基本经济制度，是农村经济体制改革背景下中国农民的伟大创造，实现了农村经营方式的根本转变，对促进农业生产力、激活农村经济活力起到了积极的作用（于振荣、刘艳，2007），至今仍是党的农村政策的核心和基石。然而，基于农村土地的特殊作用和人多地少的资源禀赋状况，在家庭联产承包制下，土地按照平均原则在农户间进行分配，而且出于公平的诉求，土地分配时还要兼顾土地肥力与地块位置的差异，实行好坏搭配、远近搭配，结果是地块平均耕地面积狭小且呈现互相插花状态，形成了农地细碎化和以小规模农户为主的农业经营格局（陈锡文，2010），在增加生产成本和交易成本的同时，既制约了农地经营的机械化、集约化水平，也限制了现代农业生产技术的推广和使用，使得我国农业的劳动生产率远低于发达国家，从国内三次产业的比较看，农业劳动生产率也只有制造业的 1/8，服务业的 1/4（李成贵，2007）。农地的细碎化、超小规模的农户分散经营导致中国农业生产的小规模、高成本、低效益和国际竞争力差等一系列问题，致使全国各地出现了不同程度的土地撂荒问题。这充分说明，家庭联产承包责任制的一些内容和规定已逐渐不适应中国农村生产力的发展，越来越成为农民持续增收、农业增长方式转变和农村经济持续发展的制度性制约因素。因此，在坚持家庭联产承包责任制这一基本制度的基础上，应适时地进行农村土地制度创新。

农村土地流转，是在坚持农村土地集体所有、家庭承包经营的基本产权制度下农户土地承包经营权的流转，作为对家庭联产承包经营制度的后续创新，弥补了家庭联产承包责任制的深层次缺陷，是实现农业生产要素优化组合和资源有效配置的客观要求。从国家制度层面看，农村土地流转经历了明令禁止（1978—1983 年）→逐步放开（1984—1987 年）→公开允许（1988—2002 年）→法律规范（2003 年以来）的变迁，尤其是 2002 年《农村土地承包法》（2003 年施行）、2005 年农业部《农村土地承包经营权流转管理办法》、2007 年《物权法》、2009 年《中华人民共和国农村土地承包经营纠纷调解仲裁法》（2010 年施行）颁布实施以来，农村土地承包经营权流转已进入法律规范与政策鼓励阶段。党的十七届三中全会明确提出，“按照依法自愿有偿原则，允许农民以转包、出租、互换、转让、股份合作等形式流转土地承包经营权，发展多种形式的适度规模经营。有条件的地方可以发展专业大户、家庭农场、农民专业合作社等规模经营主体。土地承包经营权流转，不得改变土地集体所有性质，不得改变土地用途，不得损害农民土地承包权益。”近几年，中央一号文件以及十八大报告等在农村土地承包经营权流转的前提、主体、原则、方式、流转的底线以及流转机制等方面均作了明确阐述。同时，各地方政府也出台了相应的农村土地流转政策规定和鼓励措施。上述一系列农地流转的相关法律法规和政策规定确保了农户对农村土地承包经营权的充分享有，奠定了土地承包经营权流转的前提，为土地承包经营权流转的实现提供了基本的政策支撑和制度保障。

1.1.2 农地流转是实现“三化”协调发展的必然要求

首先，农地流转是推进新型农业现代化建设的必然选择。农业现代化的基本要求是经营规模化、装备机械化、技术先进化、管理科学化、运营产业化与市场化，形成高产、优质、高效的农业生产经营体系。如前所述，地块细碎化、以小规模农户分散经营为主的农业生产格局导致小规模、高成本、低效益和国际竞争力差等一系列问题，严重阻碍了我国农业现代化的进程。通过农村土地承包经营权的流转，把土地从不想、无力耕种的农户流转至愿意且有能力从事农业生产的经营主体，可以实现细碎化的地块连接成片、分散的小块土地相对集中，逐步形成事实上的农地适度规模经营，这样大型农业机械设备才有发挥优势的空间、农业机械化水平才能逐步提高，进而提高农业劳动生产率；生物技术、综合配套农业技术、病虫害综合防治等分散经营农户无法单独使用的先进农业技术以及优良的农产品品种才能得到推广应用，进而提高农地产出率、农产品品质，保障国家粮食安全；通过规模经营、规模采购降低生产成本才有可能。同时，通过农地流转把农地相对集中至农业经营大户、合作社、农业企业等经营主体，便于他们统一规划，这样他们有动力增加农业投入，如农田水利基础设施的兴建与改良、新农机的购置以及新技术、优良品种、管理工艺的引进等，其资金、技术、管理、营销、人才等优势才能在农业生产经营管理中得到充分发挥，通过实现“种植规模化、过程机械化、技术标准化、经营产业化、管理规范化、市场开放化”，形成贸工农、产供销一体化的现代农业产业体系，进而有利于农业产业结构的优化、农业产业化经营与市场化运作水平的提高以及农业综合生产能力的整体提升。

其次，农地流转是加快新型工业化发展的客观需要。通过农村土地承包经营权的流转可以把不愿种地的农民从土地的束缚中解脱出来，加大农村剩余劳动力的转移力度，为新型工业化的开展提供充裕的人力资源支持，可以继续发挥低劳动力成本的优势，延续“人口红利”对工业发展的贡献。农业经营大户、合作社、农业企业等经营主体通过农地流转把土地相对集中进行适度规模经营，通过提高农产品产量、丰富农产品品种、提升农产品品质，可以为工业生产提供更多、更优质的生产原料。同时，通过土地流转把细碎化的地块连接成片、分散的小块土地相对集中，便于开展农地规划、整理，实现“小田变大田”，如可以把原来的田埂、边角、土垄、水沟，甚至荒地变成可耕地，实际增加耕地面积。这样，在“城乡建设用地增减挂钩”的政策背景下，依托土地流转进行复垦、开荒和土地综合整治，可以保持在不减少耕地的情况下增加土地供给存量，从而为农村产业集聚区发展提供宝贵的土地资源，加快新型工业化进程。

再次，农地流转是新型城镇化建设的必然要求。新型城镇化基于城乡统筹、以人为本视角，强调大中小城市、小城镇、新型农村社区协调发展，关键是实现人的城镇化。当前，我国农户分化现象严重，基于就业所在行业和家庭收入来源大致可以分为纯农户(几乎完全靠农业生产经营获取收入)、兼业农户(亦工亦农、亦商亦农，收入多元化)和纯非农户(完全从事非农产业获取收入)三种类型。通过农村土地承包经营权的流转获得相应收益后，就可以把部分纯农户和兼业农户从有限土地的束缚中解放出来，安心地离开农村进入城镇进行务工、经商、创业，如果他们在城镇可以有稳定的就业机会和收入来源，就可能选择举家迁入城镇定居，进而促进新型城镇化的发展。同时，土地流转有利于发展农村产业集聚区，通过产业集聚区建设又可以逐步实现农民就近非农就业和就近城镇化，这样也有利于合并村庄组建新型农村社区，进而推动新型城镇化建设。

1.1.3 农地流转比例仍然偏低

农村土地承包经营权流转是继家庭联产承包责任制之后中国农民的又一历史性创造。从实践层面看，农户之间的土地承包经营权流转现象始于20世纪80年代初期东部沿海地区的一些村庄，但由于法律和政策限制，当时的流转一直处于非法、自发和隐蔽状态。此后，随着政府政策的逐步放开以及农村生产力的发展和农村经济的市场化、传统农业向现代农业的转型、农村劳动力向非农产业和城镇的转移，特别是一系列农地流转相关法律法规、政策规定和鼓励措施的相继出台，农村土地流转市场呈现出较好的发展态势：一是流转规模和比例逐渐扩大，1990年全国共有208.9万户农户发生耕地流转行为，占家庭承包农户总数的比例为0.9%，流转耕地面积为637.9万亩，占家庭承包耕地面积的比例仅为0.44%(农业部课题组，1991)；而到2011年底，全国共有3877多万户流转出承包耕地，占家庭承包农户总数的比例为16.9%，流转承包耕地面积为2.28亿亩，占家庭承包耕地面积的17.8%(农业部经管司，2012)；二是流转地域范围不断扩大，从最初的东部沿海地区逐渐向中部、东北和西部地区扩充，呈现由点到面、由局部区域到全国各地蔓延的趋势；三是流转形式不断创新，从最初单一的转让、转包方式逐渐步入转让、转包、出租、互换、股份合作、委托代耕等多种流转方式并存的格局；四是流转主体趋于多元化，从最初的农户之间特别是亲戚朋友、邻居、熟人之间的内部流转逐渐转向农户与农户、农业经营大户、农民专业合作社、农业企业等多元化主体之间的流转。

但从宏观层面考察，经过近30年的发展，虽然有政府法律法规和政策规定的支持，全国农地流转的规模仍然较小、农地流转比例与农户参与比例仍然偏低，2011年全国耕地流转面积仅为2.28亿亩，仅占12.77亿亩家庭承包经营耕地面积的17.8%，参与流转的农户数仅为3877万，只占2.288亿家庭承包经营农户的16.9%（农业部经管司，2012）。同时，农村土地流转实践中还存在很多突出问题，具体表现在：地方政府出于政绩或形象工程的考虑常常依靠行政力量违背农民意愿强行干预农地流转，同一区域的农地流转价格迥异，农地流转供求双方信息不对称、交易成本高昂，缺乏有效的引导、规范和监控，自发性的农户农地流转交易不规范、流转纠纷频繁等，这些问题严重影响和制约农地流转规模的扩大和流转比例的提高，而这些问题产生的关键是市场不完善和市场机制不健全。因此，从总体上，我国农村土地承包经营权市场还处于低水平的发育阶段。

1.2 问题的提出

如前所述，农村土地承包经营权流转虽是家庭联产承包责任制的后续创新和中国经济社会发展的客观需要，也是农民（农户）自主意愿的表达并且已进入国家政策鼓励和法律规范阶段，但并未呈现期望中的良好发展局面，农地流转的规模仍然较小、农地流转比例与农户参与比例仍然偏低。同时，从农村土地承包经营权流转的现实来看，这样一种情形不容忽视：农户的流转意愿远高于实际发生的流转，即许多农户存在着流转意愿，但是实际发生的流转相对滞后。现有研究的调查结果也证明了这一现象的存在：金青松、Klaus Deininger（2004）对贵州、湖南、云南三省农村土地流转市场发展状况的考察表明，农户意愿流转的交易量比实际交易量更大，9%～10%的生产者本来有参与土地租赁市场交易的意愿，但这种意愿在实际操作中却未能实现。同时，不仅土地流转供给方的农地转出意愿未得到充分实现，而且土地流转需求方的农地转入意愿也并未充分实现，张照新(2002)对河北、陕西、安徽、湖南、四川、浙江六省824户农户的调查结果表明：只有61.4%意愿转入土地农户实际达成了流转意愿；而意愿转出土地农户实现转出意愿的比例则仅为58.9%。由此看来，实际发生的流转规模落后于农户的流转意愿可能已经成为农村土地流转过程中的不争事实。

既然农村土地承包经营权流转在制度和政策方面已经具备了一定条件，农户也具有土地流转意愿，那么为何全国农地流转规模仍然偏小、流转比例仍然偏低？为何具有流转意愿的农户未能实现事实上的流转？应该采取什么有效的措施促进农村土地流转？从宏观层面看，农村土地承包经营权流转的前提是家庭承包责任制长期不变，现实中的农地流转交易大多局限于村庄内部，跨村、跨乡镇、跨区域的农地流转交易比例极低，这表明我国农村土地承包经营权流转处于严重的市场分割状态，而市场分割不仅会导致农地流转市场的区域性和发展不平衡(东部沿海地区农地流转比例高于中西部地区、城镇郊区高于偏远地区)，而且更重要的是市场的分割容易导致市场的不完善和市场机制的不健全，进而影响和制约土地流转的实现。从微观层面看，作为农地的主要供给者和需求者，农户理应是农村土地承包经营权流转的主体，这也是党和国家的一系列重要文件和法律法规所明确规定的，研究农村土地流转问题，必须强调农户的主体地位，必须注重倾听农户的声音、深入了解农户真实的土地流转需求。基于此，本书把宏观视角和微观视角相结合，在深入分析市场分割下农户农地流转交易特征的基础上，甄别出影响农户农地流转意愿与决策行为的关键因素，通过情景模拟市场统一对农户农地流转交易均衡的影响并选择关键的可控性因素进行政策干预，进而提出针对性的促进和规范农地流转的政策建议。

1.3 研究意义

以市场化为基础的农地流转制度改革是世界各国农地制度改革的主要方向，有效的供给主体、需求主体和交易环境有利于我国农村土地承包经营权流转市场的培育，而农户流转意愿的实现则有赖于广大农村地区建立发达的农地承包经营权流转市场。农户是土地利用、农村产业结构调整与农业绩效提高的微观主体，基于我国浓厚的乡土文化，把握住农户流转意愿和决策行为的特殊影响因素，对其加以正确引导、规范，才有可能保持农地流转的顺利实现和农地经营的可持续发展。鉴于此，从农地承包经营权流转市场和农户流转决策行为视角对影响农户流转意愿实现、农地流转比例仍然偏低的原因进行解释，以求为制定政策促进土地流转提供更为直接的现实依据，无论是从理论研究还是从具体实践来看，均具有重要意义。

1.3.1 理论意义

1.3.1.1 为我国特殊农地制度下土地承包经营权流转市场的构建提供一种解释

众所周知，家庭联产承包经营责任制是有中国特色的农村土地产权制度，有别于世界上任何其他国家。尽管世界上有不少国家的农村土地租赁市场比较成熟和完善并形成了一定的经验，但在我国特殊的国情下，农村土地承包经营权流转市场又当如何发展，值得思考。本书立足于我国农村实际，考虑到村庄在我国农村土地承包经营权流转市场中的特殊地位，从市场分割与市场统一的角度对农户土地流转行为进行对比和模拟分析，为我国在特殊的农村土地产权制度下构建统一的农村土地承包经营权流转市场提供了一种理论解释。

1.3.1.2 为分析我国农地承包权流转农户意愿的形成提供一种思路

以往的研究多从农村劳动力大量转移、农村社会养老保险充分完善等角度来分析农村土地承包经营权流转的外部环境，但事实上我国二元社会结构导致城乡贫富差距极大，以上问题在短时期内不可能得到解决。基于我国地缘亲缘关系等实际情况，更现实的研究方向应该是在承认我国城乡居民社会保障制度长期存在差距的前提下，分析影响农户流转意愿、流转行为达成的关键因素，能不能形成一个让流转农户双方都能接受的利益导向，将决定土地流转意愿能否顺利实现。本书以尊重乡土社会背景下的农民个体流转意愿为出发点，分析影响农户农地流转决策行为的关键因素——意愿流转价格，并从农户双方供求的视角，找出影响转出农户和转入农户意愿租金的因素，为今后分析农村土地承包经营权流转过程中的农户流转合作问题提供了一个可以借鉴的研究思路。

1.3.1.3 为农村土地承包经营权流转相关政策的干预效果评价提供一个框架

农地流转供需双方难以达成流转交易的原因在于双方的交易条件不契合、利益诉求相冲突，而供需双方所要求的流转价格不匹配则是主要影响因素，故要改变农村土地承包经营权流转市场中供给与需求的关键在于改变影响农户意愿租金的因素。通过政策的干预，改变影响农户意愿租金的因素，进而会改变土地流转市场的均衡。而对比土地流转市场均衡在干预前后的变化则可以反映政策干预的效果。因此，本书中通过情景模拟来评价相关政策干预效果的做法，为今后对我国农村土地承包经营权流转的相关政策进行效果评价时提供了一个分析框架。

1.3.2 实践意义

1.3.2.1 为建立农村土地承包经营权流转统一市场提供决策支持

从实践层面来看，在土地流转过程中，构建有形市场的目的是为农村土地承包经营权流转提供一个统一平台，促进流转意愿的实现。在本书中，以河南省郑州市、巩义市、中牟县的四个村庄的农户调查数据为基础，实证分析农村土地承包经营权流转过程中的市场分割与市场统一对农户土地流转行为的影响，对农村土地承包经营权流转在形成统一市场前后均衡交易量的大小进行对比，通过交易量的大小变化指出形成统一市场的必要性，进而为土地流转有形市场平台的搭建提供决策支持。

1.3.2.2 为促进农村土地承包经营权流转的政策选择提供依据

农民(农户)是土地流转的主体，在农村市场化迅速扩张和农村居民收入差距拉大的过程中，考察分析作为农民最重要财产的土地的流转行为的影响因素至关重要。这对推进作为农村土地改革关键的农地流转和促进农民未来发展提供有力支撑，有助于政策制定者更好地洞察农村土地改革事实，为更好地推进农村土地改革保障农民土地流转利益提供有益尝试。本书对影响农村土地承包经营权流转市场均衡的部分可控因素设计了不同情形下的方案，通过运用模拟的方法评价了各种方案的干预效果。将各种方案下的效果进行对比，也为今后促进农村土地流转意愿的实现在政策选择方面提供重要依据。

1.4 概念界定

1.4.1 农户

农户是集经济、社会功能于一身的微观单位，是以姻缘与血缘关系为基础的农民家庭，家庭成员共同承担生产与生活任务。农户不仅是一个家庭组织单位和最基本的社会单元，而且也是最基本和最重要的生产和消费单元，尤其是受经济全球化影响较小且传统家庭观念深厚的欠发达农区，这一特色更为突出(李小建，2009)。自家庭联产承包责任制实施以来，随着农村经济社会的发展，农户的内涵与外延也在不断变化；形成了对农户定义的不同标准，如所从事职业(农业)、居住区位(农村)、户籍身份(农村户口)等，但实际上由于农户家庭的兼业行为大量存在，单纯从职业、居住或政治地位与户籍身份上已难以进行明确区分。根据中国当前的这些变化，结合研究的需要，本书中的农户是指具有农村户口并享有土地承包经营权的家庭，无论其是否实际经营土地从事农业生产。也就是说，既包括具有农村户口享有土地承包经营权且自己利用该土地从事农业生产的农民家庭，也包括具有农村户口享有土地承包经营权但自己并未利用该土地从事农业生产而是从事非农就业的农民家庭。依据涉及农地流转的方向，农户可分为转入户和转出户；按照农户非农收入占家庭收入的比重可以分为纯农户、兼业农户和纯非农户。

1.4.2 农村土地承包经营权流转

《中华人民共和国农村土地承包法》规定，农村土地是指农民集体所有的和国家所有但依法由农民集体使用的耕地、林地、草地，以及其他依法用于农业的用地。由于林地、牧草地等土地资源配置的情况相对要简单得多(姚洋，2000)，同时为了增加研究的针对性，本书所指的农村土地仅限于耕地。在国外，农地流转多指包括农地租赁、转换与转让等使用权的流转和农地所有权的买卖。国内学者对农地流转的理解并不相同，大致有以下几种观点：一是认为土地流转是土地所有权或使用权在不同经济体之间的流转(史志强，2009)；二是认为土地流转是承包经营权的转让(张红宇，2001)；三是认为土地流转是农地使用权的流转。一般地，农地所有权流转是指土地所有权性质由集体所有转为国家所有，主要是以征地等方式实现；而农地使用权流转包括两类：一是农业生产用地转为集体建设用地；二是不改变农地农用的性质，农业生产用地在不同的主体之间的流转。而在家庭联产承包责任制的制度框架下，农村土地(耕地)产权结构被分为三种权利：所有权、承包权和经营权(使用权)，而农户没有土地所有权只拥有物权性质的承包经营权，加之国家法律和政策规定土地流转不能改变农业用途，因此，本书界定农地流转即农村土地承包经营权流转是指拥有土地承包经营权的农户在不改变土地农业用途的前提下，将土地承包经营权全部或部分流转给其他农户或经济组织。另外，特别强调的是，如果不加说明，那么书中出现的农地流转、土地流转均等同于农村土地承包经营权流转，下不赘述。

1.4.3 农村土地承包经营权流转市场

农村土地承包经营权流转市场即农村土地承包经营权交易的场所，一般是相对于土地承包经营权流转过程中政府调控行为而言的，具体是指在不得改变土地集体所有的性质、不得改变土地用途、不得损害农民土地承包权益的前提下，在政府宏观调控的指导下，通过发挥市场机制的作用，农村土地承包经营权通过转让、转包、出租、互换等方式转移给其他经营者，实现土地有偿有期限的流动。

农村土地承包经营权流转市场作为市场的一种，具有市场的一般属性。土地承包经营权流转市场包括两个方面："市"和"场"。"市"是指交易，"场"是指场所(邓大才，2009)。因此，农村土地流转市场有狭义和广义之分。狭义的农村土地承包经营权流转市场是指农村土地承包经营权集中交易的有形场所，如农村土地流转交易大厅、土地流转服务中心等，而广义的农村土地承包经营权流转市场是指农村土地承包经营权流转中所发生的各种关系的总和(关艳，2010)，既包括有形的交易场所，也包括交易规则、交易行为、交易价格、中介服务体系等。本书所指土地承包经营权流转市场是广义的市场概念。

然而，农村土地承包经营权流转市场与一般的商品和生产要素市场有着一定的区别，是一种特殊市场。首先，农村土地承包经营权流转市场中出让的是使用权而并非所有权，故农村土地流转关系的建立不仅不是双方关系的终结，而且还形成了一种特殊的权利、义务和利益关系；其次，农村土地位置的固定性决定了农村土地承包经营权流转不可能将土地搬到市场集中交易；再次，由于农村土地承包经营权流转涉及农民土地承包权益和耕地保护，对农村土地承包经营权流转市场的交易主体、交易方式和交易行为需要有严格的法律政策规定；最后，也是最重要的是农村土地承包经营权流转市场不能像一般商品市场那样可以人为地做大，必须以坚持农民自愿为前提，否则容易导致严重的社会问题(胡建锋，2009)。

1.4.4 市场分割与市场统一

市场分割与市场统一是一个问题的两个方面，两者是相对而言的，市场分割状况可以直接反映市场统一程度，而深入探析市场分割的原因则可以为构建统一市场提供政策依据。从广义的经济概念看，统一市场①是指完全竞争的市场机制充分发挥作用，商品和生产要素可以自由流通；而市场分割是指由于市场不完善，商品和生产要素不能自由流通而只能局限于某一区域，具有相对封闭性特征(王健，1995)。

从国家层面看，统一市场是指能把国内各地区的经济在社会分工和商品经济高度发达的基础上融合成一个相互依存的有机统一体的市场

① 为与市场分割概念相对应，在这里我们使用市场统一，对市场统一与统一市场并不严格区分，即书中统一市场等同于市场统一。

(林文益，1994)，其统一性不仅表现市场在时间和空间上的一致性(王健，1995；赵亚平、肖湘，2001)，还表现在市场的开放性、市场环境的竞争性和公平性、市场规则的统一性以及排除行政干预和权力的影响(赵亚平、肖湘，2001；姜德波，2003)。党的十四届三中全会通过的《中共中央关于建立社会主义市场经济体制若干问题的决定》明确指出，要发挥市场机制在资源配置中的基础性作用打破地区、部门的分割和封锁，反对不正当竞争，创造平等竞争的环境，形成统一、开放、竞争、有序的大市场。市场分割则强调一国范围内市场在各地区间的非整合状态，主要是指一国范围内各地方政府为了本地的利益，通过行政管制手段，限制外地资源进入本地市场或限制本地资源流向外地的行为(银温泉、才宛如，2001)。当然，在现实中，市场分割的行为主体不仅可能是中央政府或者地方政府，也可能是行业主管部门，甚至可能是私人权利集团(李文洁，2011)。市场分割的形成既有国家的财政分权改革、地方政府的发展战略的原因，也与地理自然因素、相关法律法规不健全以及社会环境密切相关。

与一般的市场统一与市场分割概念不同，对于农村土地承包经营权市场而言，市场分割是指由于农村土地的不可移动性、农户土地承包经营权的物权性质、农村社会文化传统等因素的影响，特别是国家相关法律法规对农户土地承包经营权流转条件的限制，造成农户土地承包经营权流转的发生在现实中大多局限于村庄内部。在市场分割的条件下，市场的供求、价格、竞争等机制不能充分发挥作用，进而导致农村土地承包经营权流转市场的不完善，故在这里我们也可以把市场的分割直接理解为市场的不完善。与市场分割相对应，农村土地承包经营权流转市场的市场统一则是指理想状态下的完全竞争市场，即市场的供求、价格、竞争等机制充分发挥作用，打破流转区域、交易主体等的限制，农户农地承包经营权可以跨区域自由选择流转对象进行交易，具备上述一般统一市场的统一性、开放性、竞争性和公平性特征。

1.5 研究思路、方法与内容安排

1.5.1 研究思路与技术路线

从宏观层面看，农户土地承包经营权流转的发生在现实中大多局限于村庄内部，即农村土地承包经营权流转处于市场分割状态；从微观层面看，农户是农村土地承包经营权流转的主体，必须注重倾听农户的声音、深入了解农户真实的土地流转需求、尊重农户的农地流转意愿。基于此，本书把宏观视角和微观视角相结合，以市场分割下农户农地流转行为研究为题，首先，在对理论基础与研究文献进行梳理的基础上凝练科学问题，根据科学问题的要求确定研究区域、分析框架与研究方法；其次，进行数据收集与社会调查，进而根据分析框架利用调查数据进行深入研究；最后，根据得出的研究结论并指出其蕴涵的政策含义。基于上述研究思路，本书的具体研究路线如图 1-1 所示。

1.5.2 研究方法

本书采用理论与实证、定性与定量相结合的研究方法，在研究过程中，通过搜集分析大量文献资料，在学习并掌握前人研究成果的基础上，展开进一步的研究。对现有的市场供给需求理论和农户行为选择进行合理的修正和补充，同时运用调研数据对新建立的模型进行有效性检验。具体来讲，本书运用到的研究方法有：

1.5.2.1 文献研究法

在对农户农地流转相关的产权理论、制度变迁理论、完全竞争与大市场理论、农户行为理论等进行梳理的基础上，对农地流转的政策与制

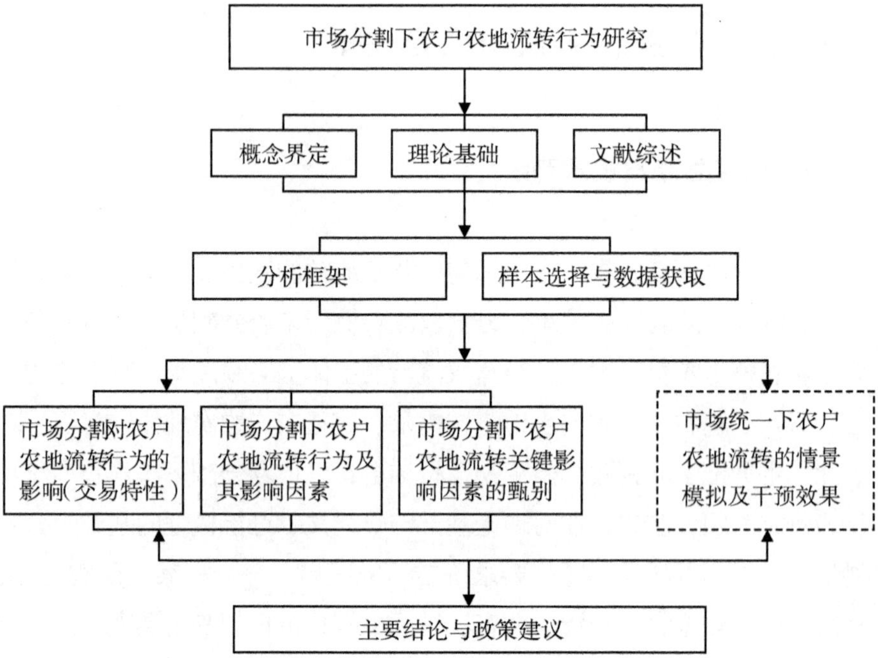

图 1-1 本书的技术路线

度背景、农地流转的市场化及市场结构演进、农地流转的农户决策以及农地流转市场参与主体行为等相关研究成果进行综述。通过理论梳理和文献综述，为本书的研究提供理论基础及研究视角创新提供突破口。

1.5.2.2 局部均衡分析法

假定农户土地承包经营权流转市场与其他市场互不相关，依据农户土地流转的意愿租金水平以及各租金水平下对应的意愿流转农户数，拟合土地流转市场中的供给曲线与需求曲线，并由供求曲线求出农村土地承包经营权流转市场的均衡量和均衡价格。

1.5.2.3 比较分析法

比较分析法的应用主要体现在两个方面：一是在完全竞争市场的假

定下，将市场分割下的均衡与统一市场下的均衡进行对比分析；二是对于以各个村庄为单位形成的土地承包经营权流转市场，将意愿租金下的市场均衡量与实际流转量进行差异比较。

1.5.2.4 计量经济分析法

运用 Excel、Eviews 等统计软件，根据变量特征，对影响农户农地流转行为的因素建立计量模型，选用二元 Logistic 模型进行回归分析。以农户流转土地的意愿租金为因变量，依据前人研究的相关结论，从成本收益的角度选择适当变量，建立计量模型，分析各变量与农户意愿租金水平之间的关系，进而确定影响意愿租金水平的关键性因素。

1.5.2.5 模拟分析法

在显著影响农户农地意愿转出租金水平以及农户农地意愿转入租金水平的诸多因素中，重点分析可控性因素的影响。通过对可控性因素实施干预，根据不同情境设计出政策模拟方案，使用局部均衡的方法求解农村土地流转市场的均衡量，通过土地流转市场均衡量的变化评价政策干预的效果。

1.5.3 内容安排

根据研究思路与技术路线，本书的研究内容与章节安排如下：

第 1 章，绪论。介绍选题背景、研究意义，在对农户、农村土地流转及农村土地流转市场等基本概念进行界定的基础上阐述研究思路、技术路线、研究内容和研究方法，总结论文可能的创新与不足之处。

第 2 章，理论基础与文献综述。在对农户农地流转相关的产权理论、制度变迁理论、农户行为理论及市场结构理论进行梳理的基础上，对国内外有关土地流转市场与农地流转实现、农地流转的农户决策理论、农地流转市场参与主体行为、农地流转实现的制度与政策因素、农地流转的国际经验及启示等相关研究成果进行综述。通过理论梳理和文献综述，为研究提供理论基础及研究视角创新提供突破口。

第 3 章，研究区域与分析框架。在对研究区域、数据来源与调查问卷进行界定和说明的基础上，利用农户调查数据将农户流转意愿与实际流转行为进行对比分析得出农地流转意愿未充分实现的事实，进而确定土地流转市场和农户流转意愿相结合的分析视角，最后从理论上解释了统一的土地流转市场、市场分割的土地流转市场、农户流转意愿和政策因素对土地流转市场均衡的影响。

第 4 章，市场分割下农户农地流转行为的交易特性。基于单个村庄内部土地承包经营权流转市场中意愿租金下的均衡流转量与实际流转量之间存在差异的事实，确认样本地区土地流转市场处于市场分割和不完善状态，利用农户调查数据，基于交易范围、交易价格、交易规范性视角分析市场分割与不完善对农地流转意愿实现的影响。

第 5 章，市场分割下农户农地流转行为及影响因素。基于 135 户实际参与流转农户的调查数据，从农地流转方向与频度、流转方式与价格、流转期限与用途以及流转规模等四个方面分析总结市场分割下农户农地流转行为的基本特点，通过设定相关变量构建计量模型，结果表明，流转价格是影响农户流转行为的最关键因素，无论意愿转出农户还是意愿转入农户，其流转意愿实际未能实现的关键因素都是流转价格，意愿价格和实际价格的偏差严重影响农户实际流转行为。

第 6 章，市场分割下农户农地流转关键影响因素的甄别。以具有农村土地承包经营权流转意愿的 346 户农户为研究对象，发现农户意愿转入租金水平和意愿转出租金水平存在明显差异，意愿转出土地农户相对集中的租金水平明显高于意愿转入土地农户相对集中的租金水平。显著影响转出农户意愿租金水平的因素包括本地非农就业劳动力数量、农户非农就业能力和当前土地用途；显著影响转入农户意愿租金水平的因素则为家庭劳动力数量、非农就业收入和人均收入。

第 7 章，市场统一下农户农地流转的情景模拟及干预效果。在完全竞争市场假设前提下，使用不同意愿租金下愿意转出和愿意转入的农户数来描述这一理想状态下的供给与需求曲线，并以此为基础比较分割市场与统一市场的均衡量，从理论上求出统一市场均衡量大于分割市场均衡量之和的条件，并提出验证理论分析结果的方法与步骤。在通过显著性检验的农户流转意愿租金的影响因素中，选择愿意转出农户家中的本地非农劳动力数量和愿意转入农户的人均收入作为可控性指标进行干预，使用局部均衡的方法求解农村土地流转市场的均衡量，通过比较干预前后市场均衡量的变化反映干预效果。

第 8 章，结论与政策性建议。总结概括本书的主要结论与创新之处，反思研究中的局限性与不足之处，对未来的研究方向进行展望，最后从五个方面提出促进我国农村农地流转的政策性建议。

第2章　理论基础与文献综述

本章主要是在对农户农地流转相关的产权理论、制度变迁理论、完全竞争与大市场理论、农户行为理论等进行梳理的基础上，对国内外有关农地流转的政策与制度背景、农地流转的市场化及市场结构演进、农地流转的农户决策以及农地流转市场参与主体行为等相关研究成果进行综述。通过理论梳理和文献综述，为本书的研究提供理论基础及研究视角创新提供突破口。

2.1　理论基础

2.1.1　产权理论

中国农村的农户土地流转本质上是土地承包经营权的流转，是指拥有农地承包经营权的农户将土地经营权(使用权)转让给其他农户或经济组织，也即保留承包权、转让使用权。在坚持家庭联产承包责任制的制度框架下，农村土地承包经营权是一种附属于土地集体所有权之上的用益物权，拥有土地承包经营权是农户土地流转的前提，而清晰明确的产权则是我国农村土地流转有效运行的基础和保障。故研究农户土地流转行为，必须先了解与土地承包经营权这一产权形态相关的产权理论。

2.1.1.1 马克思主义产权理论

虽然科斯被西方经济学家看做现代产权理论的创始人和奠基者，但在社会科学发展史上，马克思才是第一位有产权理论的社会科学家，因为他在100多年前就创立了科学系统的产权理论体系，而马克思之前的古典经济学家和空想社会主义者虽然也有关于财产权利的思想，但都没有建立系统的研究框架和理论体系。马克思对产权研究的历史性贡献得到了东西方学者的一致赞赏，甚至包括新制度经济学派的重要代表、诺贝尔经济学奖获得者道格拉斯·诺斯，这也直接驳斥了部分学者“科斯有产权理论而马克思没有产权理论”的荒谬论断。马克思在《资本论》中系统研究了与经济领域的生产关系相对应的法律领域的财产关系，研究了与财产有关的法的权利，下面重点介绍土地产权权能理论、土地产权统一与分离的理论、土地产权商品化及配置市场化理论。

1. 土地产权权能理论

马克思把财产权利关系视为生产关系的法律用语，主要是以所有制、所有权理论来解释整个财产权利关系及其运动的(刘伟，2000)，认为所有制是所有权的基础，所有权只是所有制的法律形态。马克思在对广义所有权和狭义所有权进行界定的基础上，认为产权是包含一系列关于资产权利在内的权利束，而土地产权是指由终极所有权及所有权衍生出来的占有权、使用权、处分权、收益权、索取权、出租权、转让权、抵押权等权能组成的权利束。终极所有权指土地终极所有权主体把土地当作其意志支配领域而加以保持、排斥他人并得到社会公认的权利，是整个土地产权权能结构的基础。

2. 土地产权权能统一与分离理论

所有土地产权权能既可以全部统一由一个产权主体行使，又可以从中分离出一项或几项权能独立运作。马克思以土地产权主体为纽带，考察了土地产权权能统一、分离及独立运作的不同情况，得出了三种典型形式：一是土地产权权能集中于同一权利主体，如资本主义生产方式以前的独立的农民和个体生产者，他们既是所有者又是占用者，是一种与自然经济相适应的产权形式；二是在土地私有产权制度下，土地产权中的一项或几项权能与土地终极所有权相分离并独立运作，如封建土地私有制下的地主与佃农；三是土地公有产权制度下，土地终极所有权与使用权、占有权的分离，形成土地所有者与使用者、占有者的分离的多元化土地产权主体格局，如亚细亚公社土地公有产权制度和土地国有产权制度。

3. 土地产权商品化及配置市场化理论

马克思虽然没有直接把土地产权视为一种商品，但在商品经济条件下，只要马克思谈到土地产权无不把土地产权当做一种商品来理解(洪名勇，1998)。人们要利用土地必须先拥有其权能，而商品经济的发展和土地有关权能有偿使用理念的深入及普遍化实际上已经表明了土地产权的商品化。在商品经济中，土地产权为寻求其与其他财产权利的优化配置，自然会按市场规则进行有效流转即土地产权配置市场化而非行政化。由于土地不能移动，土地市场配置的实质就是土地产权的市场配置。土地产权市场配置的途径包括出租、转租和买卖，而土地产权价格是产权配置市场化的核心问题，它由当时市场供需状况决定，而不是像一般商品一样由价值决定并受供求关系影响。

4. 土地产权制度变迁理论

马克思基于唯物史观对人类土地产权制度的历史变迁进行了科学阐述，系统分析了原始的土地公有产权制度→奴隶制土地私有产权制度→封建土地私有产权制度→资本主义土地私有产权制度→社会主义合作社集体所有、国家所有和共产主义无土地产权制度的过程和必然趋势。土地产权制度变迁的最根本原因是社会生产力的发展，其变迁是生产力发展和社会进步的必然结果，是自身不断扬弃和发展的过程。

人类社会的第一种土地产权制度是原始的土地公有产权制度，以自然形成的“共同体”为前提。马克思系统考察了亚细亚部落、古代公社和日耳曼公社的土地公有产权制度，认为人口的增长、劳动生产率的提高、身份地位的变化以及生产交换活动等使共有产权制度赖以存在的“共同体”解体，原始土地公有产权制度随之解体，土地私有产权制度开始逐渐形成。

资本主义土地私有产权制度是一种最具有代表性的土地私有产权制度，也是马克思研究和剖析的重点。马克思虽然承认资本主义土地私有产权制度在某种程度上比以往私有产权制度更有效率，但又深刻揭示了资本主义土地私有产权制度包含的内在矛盾，论证了社会主义土地公有产权制度取代资本主义土地私有产权制度的历史必然性。

马克思关于社会主义土地公有产权制度的思想包括三个方面的内容：一是关于社会主义土地合作社产权——集体产权制度的思想；二是关于社会主义土地国有产权制度的思想，认为土地国有产权制度是向共产主义无土地产权制度过渡的中介形式；三是关于共产主义社会无土地产权制度的思想。

2.1.1.2 西方现代产权理论

西方现代产权理论是20世纪30年代对正统经济学关于资本主义市场完全有效假说的批判和质疑中形成的，代表人物包括科斯、施蒂格勒、威廉姆森、阿尔钦安、德姆塞茨、张五常等。科斯于1937年发表的《企业的性质》被视为是现代产权理论的起点，认为实际的市场运行是有缺陷的，企业是对市场的替代，并首次提出了交易成本的思想。20世纪50年代末至60年代中期，科斯将交易成本概念进一步拓展为社会成本范畴，研究核心集中于外在性问题，而其中产权界定不清晰对资源配置有效性的损害表现得最为充分。由此，科斯提出产权的主要功能在于克服和消除外部性的不利影响，通过降低社会成本进而形成资源有效配置的制度保障，主要观点体现于1960年发表的《社会成本问题》。但科斯并没有界定什么是产权，只是强调了产权界定清晰的重要性，即产权界定清晰必然导致交易成本为零，此时市场机制就可以完全充分有效地运行。斯蒂格勒进一步把科斯的思想和观点进行总结和扩展，提出来著名的科斯定理：如果产权界定不清晰，则必然会导致交易成本产生，而在交易成本不为零的情况下，外部性就会严重影响市场机制的正常运行进而造成市场失灵。故经济学的首要任务是分析和界定产权归属，而产权界定的清晰度决定资源配置的有效性的大小。

在施蒂格勒之后，西方经济学家对科斯定理做了各种各样的解释，形成了现代产权理论的三大流派：一是以威廉姆森为代表的交易成本经济学，强调只要产权明晰保证交易成本为零，无论最先将产权分配给谁都不会影响市场机制的充分运行和经济效率的有效性；二是以 G. 布坎南为代表的公共选择学派，更强调产权明晰与交易自愿性的基础作用，即产权界定明晰和交易完全自愿可以保障资源配置的有效性，而初始的合法权利的具体归属无关紧要；三是以 C. 舒尔茨为代表的自由竞争派，更注重对完全竞争市场机制的分析，即只要产权界定清晰并保证交易市场的完全竞争性，有效的资源配置就可以实现，初始的合法的财产权利配置与此并不相关。

1. 产权的概念与基本特征

虽然现代西方产权理论认为，产权是一种权利，是一种社会关系，是规定人们相互行为关系的一种规则，并且是社会的基础性规则。但实际上其对什么是产权并没有统一的定义或规定，阿尔钦安、威廉姆斯、德姆塞茨、张五常等人都曾提出自己的观点，科斯甚至就没有对产权的概念进行明确的界定。但现代产权学派关于产权概念的最富有意义的思想之一就用产权或权利束的概念替代了所有权概念，认为产权作为经济当事人的权利，并非一项单一权利，而是一系列权利束的集合，包括使用权、收益权、转让权（交易权）和处置权，其中最重要的是交易权和处置权。

产权有三个基本特征：一是可分解性，即产权作为一个权利束是可以细分的，这意味着在同一产权权能内存在着多种权利，每种权利只能在规定的范围内行使，超出了这个范围就要受到其他权利的约束和限制；二是排他性，指在特定的财产制度下产权主体只能有一个，如果界定不清，就容易出现“外部性”和“搭便车”问题；三是可转让性，即指产权在不同主体之间的转让和交易，可以起到发挥比较优势和资源配置作用，以发挥其最佳功能。

2. 产权的功能

在一定的制度安排下，如果产权界定清晰，就能有效地克服外部性，节约交易费用，降低监督成本，并为经济活动的当事人提供稳定的预期，从而提高资源的配置效率，使经济产值实现最大化，提高经济运行效率。具体来说，产权具有四种基本功能：一是激励功能，一般地，产权越明晰激励功能越强；二是约束功能，产权界定不仅要明确当事人的权利和利益而且要明确其责任，提供一种工具来规范人们的行为；三是分配功能，即人们按照自己所拥有的产权的多少来对所创造的收益进行分配；四是资源配置功能，资源配置的过程即为产权流动的过程，产权总是流向对其价值评价相对高的人手里，进而提高资源配置的效益。

3. 界定产权的原则

产权的界定影响着产权功能的发挥。清晰而明确的产权界定有利于交易费用的减少，土地有了明确的主体，会减少纠纷，进而就减少了解决纠纷所需的费用。界定产权必须根据普遍性、排他性和可转让性这三项原则来进行。普遍性原则是指产权界定必须涵盖社会所有资源及这些资源的所有相关用途；排他性原则是指产权被界定给某一个经营活动单位并且是唯一的经济活动单位，否则就容易出现“外部性”和“搭便车”行为；可转让性原则是指资源可以自由地从一个经济活动单位转移到另一个经济活动单位，以便于发挥其最佳效益。

2.1.1.3 简单对比

马克思主义产权理论和以科斯为代表的新制度学派现代产权理论是在不同的历史背景下产生的，两种理论基于不同的意识形态和阶级立场，在研究目的(资本主义的批判与赞扬)、理论基础(劳动价值论与新古典经济学)、分析方法(历史辩证唯物主义与个体主义)等方面差异巨大，是属于两个不同的理论体系。当然，在我国以公有制为主体基本经济制度和以家庭联产承包责任制为基本土地制度的框架下，马克思主义土地产权理论对我国农村的土地流转更有指导意义，但是由于时代的局限，马克思产权理论不可能穷尽一切问题，必须根据中国国情和经济社会发展形势与时俱进地发展完善。对于西方现代产权理论，虽然存在不少局限性，但其交易成本分析方法以及产权功能的思想对我国的农村土地流转也有一定的指导意义，我们应在坚持马克思主义产权理论的基础上取其精华去其糟粕。

2.1.2 制度变迁理论

中华人民共和国成立以来，中国的农村土地制度经历了土地农民所有制阶段(1949—1953 年)、土地集体所有集体统一经营阶段(1953—1978 年)到集体所有家庭承包经营阶段(1978 年至今)的制度变迁，而现阶段农村土地流转是在坚持家庭联产承包责任制基本框架下的一次制度创新，是家庭联产承包责任制度的完善与升华。因此，研究农户土地流转行为，必须深入了解制度变迁理论，分析中国农地制度变迁的历史、动因、绩效，为我国农村土地制度尤其是土地流转制度的改革与完善提供理论参考和借鉴。

2.1.2.1 马克思主义的制度变迁理论

马克思是第一个对社会制度产生、发展和演变的一般规律作出系统分析与阐述的社会思想家(彭金柱，2001；张聚昌，2011)，尽管马克思以及后来的马克思主义经典作家并没有明确地提出并定义制度变迁的概念，但马克思主义经济学始终贯穿着对制度、制度变迁的分析和阐述(彭金柱，2001)。与西方正统经济学把制度视为外生变量不同，马克思经济学始终把制度、人口等因素视为内生变量，基于生产力与生产关系、经济基础与上层建筑的矛盾运动关系来分析社会制度变迁的动力、原因和一般规律，即生产关系一定要适应生产力、上层建筑一定要适应经济基础是人类社会发展的一般规律，这一规律可以有效地解释人类社会经济发展的变迁过程。下面从制度变迁的含义、动力、主体、效果评价等方面进行简单分析。

1. 制度与制度变迁的含义

马克思主义制度变迁理论所指的"制度"一般包含两个层次：一是指我们通常所说的社会制度或制度体系(system)，这是马克思主义研究的重点，如资本主义制度、社会主义制度等；二是在一定社会制度下的具体运作规则、程序、规范等，即经济学意义上的具体制度(institution)，如生产制度、消费制度、所有权制度等。与之相对应，马克思主义的制度变迁理论也蕴涵两个层次：一是指社会根本制度经从低到高、从落后到先进的更替；二是某种具体制度的产生、发展、演变，如资本主义土地产权制度的变迁等(彭金柱，2001)。当然，马克思主义制度变迁理论主要分析的是社会根本制度的变迁。

2. 制度变迁的动力与主体

马克思主义把生产力的发展视为(社会)制度变迁的根本动力和第一动力。在阶级社会里，推动社会制度变迁的直接推动力是阶级斗争，但这与生产力发展是根本动力并不矛盾，因为阶级和阶级斗争是在生产力发展到一定阶段才产生的。同时，马克思主义并不否认其他因素对社会制度变迁的影响，并认为正是由于各种影响因素的综合作用才导致不同的具有丰富多彩特点的各种制度变迁。制度变迁的主体或主要承担者是由具有共同经济地位和经济利益的个人组成的阶级(王小映，2001)，故社会制度的变迁实际上是新兴阶级推翻执政的统治阶级建立新社会制度的过程，而前者代表先进生产力发展的要求，后者则是落后生产力和生产关系的维护者和先进生产力的拦路者。国家作为替统治阶级利益服务的工具，它对制度变迁的作用通过颁布法律、制定政策等形式实现，但同时又受到客观规律的制约。

3. 制度变迁的方式

一般地，制度变迁有和平改良与暴力革命式两种形式，基于社会制度变迁遵循否定之否定规律的判定，马克思主义认为暴力革命实际上就是一次否定的过程，故更加重视暴力革命式变迁，同时认为这种革命式变迁是对落后的旧社会制度的批评继承而不是简单的全盘否定。因此，虽然在既定社会制度下的和平改良不断发生，但和平改良运动式的具体制度变迁作用有限，只能在一定程度上缓解社会矛盾而不能从根本上解决社会基本矛盾，故必须对生产关系和上层建筑做革命性的变革。新的社会制度的产生和确立都是对旧制度的革命，从社会制度变迁的看，原始社会、奴隶社会、封建社会、资本主义社会和共产主义社会的变迁都是属于暴力革命式变迁。

4. 制度变迁效果的评价

马克思主义制度变迁理论以劳动价值论和剩余价值学说为基础，因此，对制度变迁效果的评价坚持唯一的生产力标准，即制度变迁是否有效要看它能否促进社会生产力的迅速发展。但马克思主义并不否认制度变迁和经济增长的关系，即代表先进生产力要求的制度创新和制度变迁可以促进经济增长，而落后的社会制度则会制约经济的增长，但同时又指出，制度变迁并不是实现经济增长的决定性因素，因为经济增长和制度变迁本身都是生产力发展的必然结果，故只有生产力发展才是实现经济增长的决定性动力。

2.1.2.2 新制度经济学派的制度变迁理论

新制度经济学派制度变迁始于以科斯为代表的产权学派，道格拉斯·C. 诺斯是主要代表人物和集大成者，他借鉴马克思主义的分析框架，抛弃了正统经济学关于制度是外生、既定因素的思想，系统地建构制度变迁理论的框架体系，创造性地把制度因素引入经济增长机制，分析制度变迁对经济增长的绩效。之后，诺斯逐渐接纳了关于利益集团、寻租与国家的思想，进而形成了制度变迁的供给需求分析模型；随着路径依赖、认知科学和博弈论的引入，新制度经济学派的制度变迁理论得到进一步的补充和完善。

1. 制度与制度变迁的含义

新制度经济学派学者对制度含义的理解虽不相同但大体类似，如舒尔茨把制度定义“涉及社会、政治及经济行为的规则”；拉坦在舒尔茨定义的基础上进一步认为制度是“特定组织的行为模式与相互关系的行为准则”，诺斯则把制度的定义扩展为“旨在约束个人行为的规则、守法程序和道德伦理规范”。综合来看，新制度经济学派的“制度”是指在不同层次、不同方面的一系列行为准则和行为规范，包括国家及地方政府规定的正式约束(政治、法律等)、社会认可的非正式约束(价值观、道德规范、伦理规范以及风俗习惯等)以及正式约束和非正式约束的实施机制三个部分。

诺斯把制度又划分为制度环境和制度安排，前者指一系列基本的政治、社会和法律基础规则，后者是指支配经济单位之间可能合作、竞争方式与行为的一种安排。制度环境决定影响着具体的制度安排，虽然也可以变化但比制度安排缓慢很多，故新制度经济学一般假定它为外生变量。显然，新制度经济学派的“制度变迁”仅仅指具体制度安排的变化，类似于马克思主义分析中的具体制度，含义是“制度创立、变更及随着时间变化而被打破的方式”。

2. 三大理论基石

新制度经济学派的制度变迁理论有三大理论基石：一是产权理论，诺斯创造性地将产权与制度变迁结合，认为科斯等人创立的产权理论可以有效解释交易成本的降低和经济组织形式的替换，有效率的产权应是竞争性或排他性的，可以减少不确定性和机会主义行为并降低交易成本，而产权结构可以以创造有效率的市场和推动技术进步来作用于制度变迁；二是国家理论，诺斯提出了国家的“暴力潜能”学说，即若暴力潜能在公民之间进行平等分配便产生契约性国家；若分配不平等产生掠夺性国家(王小映，2001)。国家的目的有两个：界定产权结构使统治者的租金最大化以及降低交易费用使国家税收最大化，但两个目的之间

"存在持久的冲突"(诺斯，1994)，进而得出著名的"诺斯悖论"即"国家的存在是经济增长的关键同时又是人为经济衰退的根源"，其目的是强调国家对制度变迁的作用，增强其理论对复杂现实社会的解释力(王小映，2001)；三是意识形态理论，由于新古典理论难以解释"搭便车"行为和利他主义行为，而遵守一定的意识形态有利于市场机制的有效运行，故由互相关联的、包罗万象的世界观构成的意识形态是降低交易成本的一种制度安排，是影响制度变迁的重要因素。

3. 制度变迁的动力、主体、方式

新制度经济学从成本—效益原则出发，认为制度变迁的动力即诱致因素是制度变迁主体期望获取最大的潜在利润，"如果预期的净收益超过预期的成本，一项制度安排就会被创新"(诺斯，1994)，潜在利润受到诸如技术、人口、市场规模、产品和生产要素相对价格变化等外生变量的影响，可从规模经济、外部性内在化、风险规避等方面衡量。显然，新制度经济学只是把技术进步视为引致制度变迁需求的一个一般因素。由于制度可以在个人、组织、政府等不同主体的层次上被创新，制度变迁主体可以分为"第一行动集团"和"第二行动集团"，前者是制度变迁的创新、策划、推动者及潜在利润的创造和主要获取者；后者是制度变迁的实施者和帮助者并因此而参与潜在利润的分配。制度的变迁方式也可以分为"渐进式"与"革命式"，但诺斯基于资本主义可以永恒存在的立场，认为制度的创新和变迁主要是渐进式的，革命式的制度创新不必也不可能发生。

4. 制度变迁的效果评价

对于制度变迁的效果，制度经济学派基于成本-效益分析方法，主要以能否降低交易费用作为评价标准，因为其关于制度创新和经济发展的理论基础则是建立在交易费用理论和博弈论之上的，特别是交易费用理论是其理论核心。但是，影响制度变迁的因素是复杂多变的，仅仅强调交易费用的评价标准显然具有片面性和局限性。

2.1.2.3 两种制度变迁理论的简单评价

马克思主义制度变迁理论和西方新制度经济学制度变迁理论在研究目的(重点强调宏观视角的社会根本制度变迁、既定社会制度下微观视角的具体制度变迁对经济发展绩效的解释)、研究方法(历史和辩证唯物主义、形而上学与个人主义)、理论基础(劳动价值论、交易费用理论)、研究内容(制度变迁的动力、方式、评价标准)等方面差异巨大,但两者也有不少相容或互补之处,如两者都重视国家和意识形态对制度变迁的重要作用,后者弥补了前者微观分析相对不足的缺憾等。因此,我们既要坚持和深入学习马克思主义制度变迁理论使之愈加完善,也要在批判的基础上汲取新制度经济学制度变迁理论的合理成分,在坚持以公有制为主体的基本经济制度和以家庭联产承包责任制为基本土地制度的前提下,积极探索农村土地流转的新思路、新方法,推动中国农村土地制度创新、发展和完善。

2.1.3 完全竞争市场与大市场理论

2.1.3.1 完全竞争市场理论

亚当·斯密的《国富论》是第一部系统阐述市场经济本质特征与运行机制的经济学著作,通过"看不见的手"理论得出"自由竞争的市场经济是充分有效率的",这也成为完全竞争市场理论的思想来源和理论基石。新古典经济学的创始人和代表——英国经济学家马歇尔基于古典经济学的完全竞争思想,在综合吸收历史学派、边际效用学派等的边际效用论、供求论、边际费用论、节欲论等思想的基础上,运用局部均衡方法折中地构建起了一个以完全竞争为前提、以均衡价格理论为基础和核心的经济学体系,而完全竞争市场理论就是其均衡价格理论的一个典型(柴源,2006)。

完全竞争市场又称纯粹竞争市场，即竞争是自由的，不受任何阻碍和干扰的市场结构。完全竞争市场的形成有四个前提假设条件：一是市场上有大量的买方和卖方，这意味着任何一个消费者和厂商都无法影响或控制市场价格，只能被动接受既定的市场价格；二是产品完全同质、无差别，即不同厂商生产的商品不仅其商标、品牌、质量、规格等完全相同，连购物环境、支付条件、售后服务也毫无差别，产品具有完全替代性，这意味着生产厂商无法通过影响价格形成垄断，消费者由于产品的完全无差别也无法形成消费偏好；三是资源具有完全流动性，所有资源可以在不同行业、不同厂商、不同地区之间不受任何限制地自由流动，行业利润率高会吸引外部厂商迅速进入、利润率低或亏损时内部厂商也可及时退出，优胜劣汰机制充分发挥作用；四是信息完全性，即不存在信息不对称情况，任何一个买方和卖方(如消费者和生产厂商)都充分掌握与自己经济决策相关的一切信息，无论过去、现在还是未来，从而可以依据完全信息进行最优决策获得最大利益。完全符合上述四个假设条件的市场被称为完全竞争市场，它也被认为是效率最高最完美的市场结构。

完全竞争市场理论为资本主义市场经济描述了一个完美境界(高鸿业，2011)，但由于四个假设条件过于抽象和苛刻，在现实世界中这四个条件都不可能成立，它所描述的非个性化的完全竞争市场只是一种理想状态，在现实生活中，根本不可能存在，它的缺陷在于无法解释竞争的过程，无法解释企业之间竞争力的差别，也无法解释产品的现实差别性和消费者的不同偏好等，特别是随着资本主义从自由竞争向垄断竞争的过渡，它无法解释现实经济中广泛存在的垄断和寡头垄断现象，其理论基础和解释力越来越令人质疑。于是，在批判继承完全竞争市场理论的基础上，现代竞争理论——不完全竞争理论应运而生，现代市场结构理论也随之逐渐形成。当然，完全竞争市场理论也并非一无是处，其在经济学理论分析中的贡献在于提供了一个对现实市场进行研究的抽象的理想市场的参照系，可以把它作为判断资源配置效率最优的标准，也为后来的研究者提供了一种研究思路和分析方法。

2.1.3.2 大市场理论

大市场理论是区域经济一体化理论的重要分支，在共同市场理论的基础上产生，代表人物是西托夫斯基(Scitovsky)和德纽(Deniau)。共同市场是在关税同盟基础上形成的更高级的区域经济一体化形式，其特点是在成员国之间取消关税、配额等数量限制并对外实行共同、统一关税外，成员国之间的生产要素自由流动障碍也被清除，实现了产品市场和生产要素市场的双重一体化。共同市场理论主要探讨在关税同盟的基础上消除生产要素自由流动的障碍以后成员国所获得的经济效应，如通过贸易自由化和生产要素流动的自由化可以形成超越国界的共同市场，一方面，使生产要素可以在更大的市场范围内进行优化组合，提高资源的配置效率；另一方面，共同市场生产和贸易量的增加可以使生产可能性曲线外扩，促进共同市场整体的增长和发展(梁双陆、程小军，2007)。

西托夫斯基和德纽在对共同市场理论进行总结和分析的基础上，从动态视角分析区域经济一体化的竞争效应，特别是重点阐述了"小市场"和"大市场"的经济效应，提出了大市场理论。大市场理论的核心内容是：区域经济一体化前，各国出于自身利益实施贸易保护主义政策而只能面对狭隘的国内市场，而小市场无法实现大批量生产和规模经济效应，进而陷入"恶性循环"；共同市场的建立可以将分割的各国小市场统一成大市场，进而产生大机器充分利用、专业化生产大批量开展、新技术大量引进应用等规模经济效应；大市场形成后的规模经济和竞争效应以及关税的取消都可以有效降低企业的生产成本和销售价格，进而消费者购买力增强、消费扩大，然后引起投资增加、产品价格下降，又引致工资增加、购买力增强，最终促进和刺激大市场范围内经济的良性循环(李锐等人，2010)；大市场外的国家为保持原有竞争优势，出于规避关税和非关税壁垒的考虑往往会选择到大市场内进行直接投资，引致外来资本大量流入，有利于大市场引进外资、弥补自身资金的不足。

大市场理论基于共同市场视角动态地分析了经济一体化的经济效应，为不同国家之间构建共同市场提供了理论依据，也适用于任何自由竞争、自由贸易效应的分析，但它并不完美，还存在不少不足之处：第一，大市场理论通过对比大、小市场的优劣来说明共同市场形成大市场的竞争优势，可以很好解释小国之间构建共同大市场的必要性，但却无法解释本身市场容量就很大的国家为何还要进行区域经济一体化；第二，根据大市场理论，共同市场的形成可以通过有效的竞争打破原有企业家的保守态度、促进创新和企业家精神的形成，但促进竞争和创新并非建立共同市场一种途径，打破行业垄断、实施有利于创新的国内经济政策同样可以达到；第三，规模经济被认为是大市场形成的首要经济效应和理论依据，但规模经济效应的实现同样并非只有建立大市场一种渠道，只要有世界性的自由贸易，大规模市场的利益就可能实现(李锐等人，2010)。

2.1.3.3　简单评述

从广义的经济学概念看，统一市场是指完全竞争的市场机制充分发挥作用，商品和生产要素可以自由流通；而市场分割是指由于市场不完善，商品和生产要素不能自由流通而只能局限于某一区域，具有相对封闭性特征(王健，1995)。由于关于市场分割和市场统一并没有专门的经济学理论进行系统总结和分析，虽然我们可以借鉴西方经济学中的完全竞争理论和世界经济中的区域经济一体化理论之大市场理论，从一定程度上看也可以把它们作为本书所研究的农村土地承包经营权流转市场的市场分割和市场统一思想的理论渊源，但完全竞争市场只是一个理想化的假设，大市场理论是不同国家和地区之间形成共同市场的理论分析，虽然他们可以为本书研究提供一定的理论基础和理论分析框架，但并不能直接应用于我国农村土地流转问题的研究。

2.1.4 规模经营与规模经济理论

规模经营(scale management)本身不是准确的经济学语言，用规模经济(scale economy)的表述更合经济学的规范，但约定俗成(张红宇，2002)。规模经营的思想正是来源于西方经济学中规模经济、规模报酬(returns to scale)概念，并与两者相伴而生，同属生产力范畴，规模经营的目的在于获取规模经济或规模报酬。规模经营是世界农业发展的基本趋势，也被认为是破解中国农业生产的小规模、高成本、低效益和国际竞争力差等一系列问题的有效途径。由于土地是农业生产中最基本最重要的生产资料，故农业规模经营很大意义上是土地的规模经营。在家庭联产承包责任制的制度框架下，农村土地流转是实现农地规模经营的主要途径。因此，研究农户土地流转行为必须了解土地规模经营思想以及与之相关的规模经济理论。

2.1.4.1 规模经营与规模经济思想的理论溯源

规模经营与规模经济思想的理论基础是要素边际报酬递减规律，而这一规律的发现首先是从农业土地的报酬递减现象开始的，故其思想渊源最早可追溯到古典经济学家关于土地报酬递减现象的观察。世界上最早论述和提出“土地报酬递减”观点的是威廉·配第(1762 年《政治算术》)，即一定面积的土地生产力是有限度的；亚当·斯密在《国富论》(1776)也关注到了农业生产中的土地报酬递减现象，并把之视为长期的客观趋势，之所以有人从经济史学说视角把他看成是规模经济理论的创始人，是因为斯密的分工理论以一定的规模生产为基础，生产工具“不可分性”必然带来规模经济。法国重农学派杜尔阁(1768)首次详细而清楚地论述“土地报酬的递减规律”，即土地报酬随着投入的增加先增加、达到顶峰后会出现逐渐下降的过程，而首次明确提出“土地报酬递减规律”概念的学者是英国的威斯特(1815)，认为“劣等土地之所以必须日渐耕垦，就在于‘土地报酬递减规律’之故”(杨欢进，1990)。以《人口理论》闻名于世的马尔萨斯在把“土地报酬递减”理论绝对化和广泛传播方面贡献最为突出。威廉·西尼尔(1836)给土地报酬递减规律添加了“农业生产技术保持不变”的前提条件并分析了收益递减和递增的原因。克拉克在其成名之作《财富的分配》提出边际生产力论，核心思想为“边际生产力递减规律”，这是在“土地报酬递减规律”扩展到其他生产要素并引入边际分析方法而形成的。

美国经济学家布莱克(J. D. Black)是要素边际报酬递减规律的划时代人物和集大成者，他系统提出并分析了各种生产要素组合的“收益递减”类型；准确解释了边际产量、总产量和平均产量的变动规律和相互关系并以曲线表示；从成本的新视角重新诠释并以曲线形式描绘单位产品的边际成本、平均可变成本、平均固定成本的变动规律及其相关关系；把“收益递减”理论的应用带回生产领域投入与产出的经济效益分析。至此，“土地报酬递减规律”逐步从农业领域拓展到了一般生产领域，形成目前广为人知的“要素边际收益递减规律”，进而逐步形成规模报酬和规模经济的概念，最终形成现代规模经济和规模经营理论。

新古典经济学家马歇尔首先使用“规模经济”一词，并把分工、专业化和规模经济联系起来。马歇尔在《经济学原理》(1890)中提出了大规模生产的利益及其来源，强调要素报酬递减规律讨论的是生产物的数量而不是它的价值；研究了规模报酬变化规律，提出了规模报酬递增、不变和递减的三阶段划分理论；界定了规模报酬递减和递增规律的定义并分析了两者之间的相互关系。马歇尔还从企业视角把规模经济区分为内部规模经济和外部规模经济，并关注到了企业大规模生产带来的垄断问题，这就是著名的“马歇尔冲突”，即规模经济与市场垄断之间的矛盾。针对“马歇尔冲突”，在对传统经济学完全竞争市场假说进行批判的基础上，美国经济学家 E. H. 张伯伦(1933)和英国著名女经济学家 J. V. 罗宾逊(1933)共同提出了不完全竞争的垄断竞争理论，形成了对马歇尔规模经济理论的修正和补充。

马克思在《资本论》(1867)中提出了“社会生产力发展必须以大规模的生产与协作为前提，大规模生产是提高劳动生产率的有效途径，其目的是取得产供销的联合以降低生产成本”的重要观点，在对大生产和小生产的关系原理的论述中表达了类似于规模经济的认识，如小农经济规模狭小，具有隔离、分散、封闭的自然特征，是一种落后的方式。农业中的大生产优于小生产，必将排挤和取代小生产，并且新技术和大机器只有大规模农业才能运用。

以科斯和威廉姆斯为代表的制度经济学派则从产权配置效率和资产专用性角度对企业一体化规模经济进行分析。科斯基于交易成本视角，认为企业是对市场的替代，企业规模的确定是市场交易费用和企业内部组织协调的结果，最佳经营规模是外部市场交易费用等于内部组织协调成本；而威廉姆斯则从资产专用性视角分析企业规模经济，认为资产专用程度、交易频率和不确定性决定企业规模，三者与企业规模变化呈正向变动关系。

2.1.4.2 要素边际报酬递减规律

西方经济学的生产理论具体分析了短期内一种可变要素的边际报酬(收益)递减规律，其基本内容是：生产技术水平和其他要素投入量保持不变，连续等量地增加某种可变要素的投入量，当可变要素投入量小于某一特定值时，增加一单位可变要素所带来的边际产量递增，当可变要素投入量超过某一特定值时，增加一单位可变要素所带来的边际产量递减。要素边际报酬递减规律的原因是：任何产品的短期生产过程中，可变生产要素投入量和固定生产要素投入量之间都有一个最佳的组合比例。在开始时，由于可变要素投入量为零，而不变要素的投入所能达到的最大生产能力远远没有得到利用，所以最先增加的可变要素投入可以使边际产量递增。当可变要素投入量的继续增加到某一值时，可变要素的边际产量将达到最大值，此时，生产要素的组合就达到最佳要素组合比例。此后，可变要素的投入量的继续增加只会使生产要素的组合越来越偏离最佳组合比例，可变要素的边际产量便呈现递减趋势。在农业生产中，我们假定农业生产技术水平不变，劳动、资本等生产要素固定不变，在引入生产函数后，一种可变生产要素土地的报酬变化三阶段分析如图 2-1 所示。

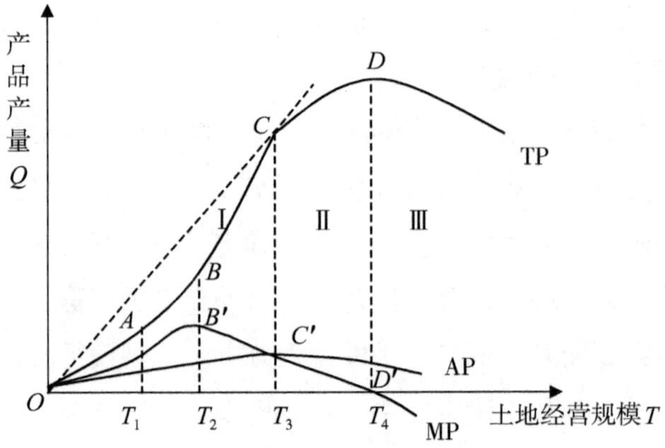

图 2-1 土地报酬的阶段分析

对于理性的农业生产者而言，生产函数在第Ⅰ、Ⅲ阶段都是不合理的生产阶段。因为第Ⅰ阶段($0<T\leqslant T_3$)，只要增加土地的投入 T，就可以增加总产出 TP，所以土地的投入不应停留在这一阶段；而第Ⅲ阶段($T>T_4$)，因为随着可变要素投入的增加，总产出 TP 不仅没有增加反而减少，所以要素的投入不应进入第Ⅲ阶段。只有在第Ⅱ阶段($T_3<T\leqslant T_4$)，生产者可以得到由第Ⅰ阶段增加可变要素投入所带来的全部好处，又可以避免将可变要素投入增加到第Ⅲ阶段所带来的不利影响。因此，第Ⅱ阶段是农业生产者进行短期生产的决策区即合理投入区域。但土地要素投入量究竟应该在第Ⅱ阶段的哪一点，还需要引入生产要素与产品价格，结合成本、收益与利润进行深入分析。

2.1.4.3 规模报酬与规模经济

规模报酬是指长期内企业生产规模发生变化(所有投入要素等比例

增加时)，产量如何变化，它衡量的是企业的生产规模变化与所引起的产量变化之间的关系。对比之前要素报酬递减规律中要素报酬的概念——短期内其他生产要素投入量不变时该生产要素投入的边际产量收益。可见，规模报酬与要素报酬是两个完全不同的概念。规模报酬变化可以分为规模播报酬递增、不变、递减三种情况：(1)规模报酬递增，即如果所有投入增加1倍，而产出的增加超过1倍。或许是因为更大规模的生产使得劳动的分工更专业化，能充分利用大规模的厂房和先进的设备，可以和其他厂商建立稳定的生产技术关系等；(2)规模报酬不变，即如果投入增加1倍，产出也增加1倍。企业的经营规模不影响它的要素生产率，不管企业是大是小，企业投入品的平均生产率和边际生产率都保持不变；(3)规模报酬递减，产出增加的比例小于生产要素的增加比例。大型企业由于组织的复杂性和规模过于庞大带来了管理上的困难，就降低了劳动和资本的生产率。

规模经济是指在厂商由于生产规模扩大实现成本降低、效益提高；规模不经济则是指随着厂商生产规模的进一步扩大而出现的成本上升、效益降低。显然，规模经济要比规模报酬递增有更广的适用性。规模报酬反应的只是投入要素按比例增加时产出的变化，但更多的情况是投入要素并不一定按比例变化。规模经济这一概念就涵盖了非比例变化的情况，如果经营单位可以以低于双倍的成本获得双倍的产出，则可以说这一生产单位是规模经济的；否则，就是规模不经济的。

2.1.4.4 规模经济的来源与最佳经营规模的确定

规模经济按照产生的来源可以分为内部规模经济和外部规模经济，内部规模经济是指企业自身规模的变化所引致的收益增加；而外部规模经济则是由于企业所处的行业或生产部门规模变化所产生的单个经济实体的收益增加或成本降低。显然，我们主要关注的是内部规模经济。内部规模经济主要来源于生产阶段要素的不可分性形成的固定成本分摊的节省和购销阶段平均交易成本的节省，具体表现在以下四个方面：

一是单个要素的不可分性。如农业生产中，作为固定生产要素的农业机械具有不可分割性，它必须在一定面积土地上才能进行正常作业，较小的土地规模往往使农业机械得不到充分利用，同时也会使农机无效作业增加，影响其作业效果。规模经营能够提高生产设备的利用率和利用效率。

二是成本的不可分性使得降低单位生产成本成为可能。虽然在农业生产中化肥、农药的投入是可以分割的，但化肥、农药的研发成本一般与产量并不直接相关，在其研制成功投入市场之初，由于使用范围狭窄销量有限，分摊研发成本较高；随着土地经营规模的扩大，产量的大幅增加，研发成本的摊薄使得单位生产成本下降。

三是生产要素间的不可分性，如规模经营有利于进行分工协作和专业化，提高劳动效率；规模化专业化生产可以降低管理和协调成本；规模经营可以充分利用产品生产的互补性，提高生产效率。

四是规模购销可以降低平均交易成本。首先，规模经营主体可以凭借规模优势在购销谈判中掌握主动权，获得相对优惠的购销价格；其次，规模经营主体可以在市场信息收集、监督合同执行等方面节约平均交易费用；最后，规模经营主体由于大量运输可节约平均运费。

根据规模经济的含义，我们可以通过如图 2-2 来确定理论上的农业生产经营主体的最佳经营规模。

在土地经营规模到达 T 点之前，长期平均成本曲线是下降的，也就是规模经济的，而到了 T 点以后，长期平均成本曲线不降反升，这时的土地经营规模就不经济了，适当地缩减土地经济规模才能提高收益水平。因此，与长期平均成本曲线最低点 M 相对应的经营规模 OT 就是理论上的最佳土地经营规模。

之所以称之为理论上的最佳土地经营规模是因为，首先，土地规模经济的范围具有多层次性，无论是单个的农业经营主体（农户、农业企业、合作经济组织）还是中观的土地综合开发，甚至是宏观的城市建设用地层次都存在规模利用和最佳土地经营规模问题，即便是单个农业经

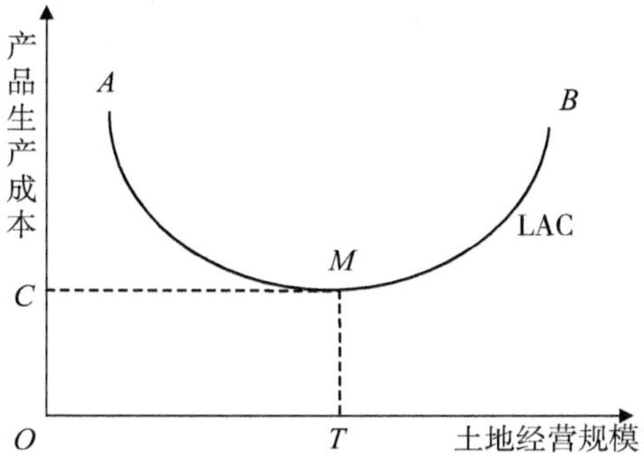

图 2-2 土地规模经济与规模不经济

营主体的经营规模也受到其生产经营能力、土地获取可能性、政府政策法规等多重因素的影响；其次，土地规模经营带来的效益具有多元性，如土地产出率、劳动生产率、资金利润率等经济效益以及社会效益与生态效益，衡量的标准不同，最佳的经营规模也就不同，这也是为什么很多学者在农业生产和土地经营是否具有规模经济性方面产生分歧的关键所在；最后，土地的规模经营具有动态性，不同的经营主体、同一主体的不同经营阶段其最佳经营规模受各种因素影响而呈现动态变化过程。

2.1.5 农户行为理论

在中国广大农村地区，农户即农民家庭以血缘和姻缘关系为联系纽带，不仅是最基本的组织单位和社会单元，也是最基本和最重要的微观经济单位(李小建，2009)。在中国家庭联产承包责任制的基本土地制度下，农户是农村土地流转中农地的主要供给者和需求者，也理应是农村土地流转的主体，这也是国家相关法律法规明确规定的。因此，研究中国的农村土地流转问题必须强调农户的主体作用；研究中国农户的土地流转行为，必须从微观视角了解农户的真实意愿和行为决策程序。农户行为理论正是以农户的经济行为为主要研究对象，探讨农户经济行为理性与否的理论研究成果，对于研究我国农户的土地流转行为具有重要指导意义。国外关于农户行为的研究主要可以分为三个学派，分别是以恰亚诺夫为代表的组织与生产学派、舒尔茨为代表的理性小农学派和以黄宗智为代表的历史学派(宋圭武，2002；翁贞林，2008)。国内在农户行为理论研究方面比较突出的是两个视角独特并引起较大反响的理论假说，即郑风田的小农经济制度理性假说和徐勇、邓大才的社会化小农假说。

2.1.5.1 组织与生产学派

组织与生产学派形成于 20 世纪 20—30 年代，俄国经济学家恰亚诺夫是这一学派的开创者和主要代表人物。恰亚诺夫(1996)在其代表作《农民经济组织》(1925)中，基于对俄国 1930 年集体化前的村社农民调查数据，以劳动-消费均衡论和家庭生命周期说为理论基础，从农业生产组织视角把俄国的小农家庭经济与资本主义农场经济进行对比分析，认为两者在运行机制方面完全不同。资本主义农场则是以雇佣劳动为基础，以利润最大化为目标，基于成本收益和投入产出分析来决定农业生产经营行为。而俄国的小农家庭经营以劳动的供给与消费的满足为决定因素，其生产经营完全依靠自身劳动力，生产的根本目的主要是为满足家庭自身需要。由于小农家庭自身的劳动投入无法以工资形式来计算成本，而投入与产出却又常常是不可分割的整体，所以农户的最优选择是基于满足家庭消费需求和劳动辛苦程度之间的均衡。如果家庭消费需求没有满足，那么继续投入劳动就是有利的，即便劳动效率降低甚至呈现资本主义式的亏损；如果家庭消费需求得到了满足，那么小农家庭的劳动投入就会减少，即便劳动效率很高收益很高，故这种小农经济是保守的、落后的、低效率的，其经济行为并非资本主义经济学所谓的理性行为，而是典型的非理性行为。小农家庭经济是一个不同于资本主义企业的独立体系，有自己独特的运行逻辑和规则，具有长期存在的合理性，对其改造既不能走斯大林式的集体化道路，也不应走西方式自由市场的道路，而是以家庭农场为主体的合作式道路。波兰尼(Polanyi，1957)秉承恰亚诺夫的思想，从哲学层面和制度维度认为在资本主义社会之前的农户经济行为都植根于当时特定的社会关系之中，提出应该把经济过程作为社会的“制度过程”来看待的特殊方法和分析框架。斯科特(Scott，1976)进一步阐释和扩展了上述思想并明确提出著名的“道义经济”命题，即小农经济坚守的是“安全第一”原则，具有强烈生存取向的农民宁可选择避免经济灾难也不会冒险追求平均收益的最大化。上述三个学者的思想一脉相承，都强调坚守小农的生存逻辑，故亦常被称为“生存小农”或“道义小农”学派。

2.1.5.2 理性小农学派

理性小农学派形成于20世纪60—70年代，调查数据主要来源于印尼、印度等东南亚国家的小农案例。舒尔茨(Schultz，1964)遵循古典经济学的“经济人”假设思想，从分析传统农业的特征入手研究小农行为，认为在一个完全竞争的市场机制中，传统农业中的农民如同在特定的资源和技术条件下的“资本主义企业”一样都是理性“经济人”，都以追求利润最大化为目标，其生产要素的配置行为符合帕累托最优原则，这种小农经济是“贫穷而有效率”的。波普金(Popkin，1979)基于“农户是理性的个人或家庭福利的最大化者”的中心假设，指出理性的农户会根据他们的偏好和价值观来评估和选择他认为能够带来个人或家庭福利最大化的生产经营活动。两位学者的思想被学术界概括为“舒尔茨-波普金”命题，即强调小农的理性动机，其主要观点包括：传统农业时期，小农家庭即农户作为一种经济组织，其运行机制符合资本主义市场经济基本原理，农户是“完全理性”的经济人，其行为也完全是理性的，原因是由于市场竞争机制的作用，农户生产要素的投资收益率基本是平衡的。传统农业增长之所以陷入停滞，不是因为农户缺乏进取心、努力程度不够或者自由竞争的市场经济存在缺陷，而是源于生产要素边际收益递减规律的作用。故传统农业获得进一步发展的关键是保持合理的生产要素投入结构，只要在合理的要素投入成本下能够保证获得期望的利润水平，农户就会变成利润最大化追求者。改造传统农业的方式不应选择削弱农户的生产组织功能和自由市场体系，而应在现存组织和市场体系中确保现代生产要素在合理成本下的有效供应。因此，发展中国家的农业增长之所以陷入停滞状态，并不是因为其初始条件的差异问题，更应归因于政府经济分析和政策措施失误造成的农业刺激的扭曲。

2.1.5.3 历史学派

黄宗智(1986，1992)综合分析了理性小农学派和社会生产学派的观点，基于对中国华北和长江三角洲地区农村经济的调查，认为农户之所以在边际报酬十分低下的情况下仍继续投入劳动可能是因为农户没有边际报酬的概念，体会不到生产要素边际报酬递减规律，也可能是因为农户家庭劳动力过多而耕地规模过小，由于就业技能和就业机会的限制，劳动的机会成本几乎为零。他提出了关于小农经济的“拐杖逻辑”思想——中国小农家庭的非农务工收入是农业收入的拐杖，核心思想是由于过密化的作用，即农户家庭的劳动力过多超出了农业家庭经营的容纳力但农户家庭却不能解雇多余的劳动力，而这些多余的劳动力又因缺乏就业技能和就业机会而必须依附于小农经济，不能成为真正意义上的雇佣劳动阶层，形成事实上的“半无产化”。在黄宗智基于对解放前几个世纪中国农业发展的现实考察，提出了中国农业是“没有发展的增长”和“过密型的商品化”概念，认为 20 世纪 80 年代的中国农村改革就是一种反过密化的过程。在对中国 20 世纪 30—70 年代中国华北和长江三角洲地区的小农经济进行实地调查后，提出必须将追求利润最大化的企业行为理论和追求效用最大化的消费者行为理论结合起来才能正确分析小农的行为与动机，因为中国的农民既不完全是恰亚诺夫式的“生存小农”，也不是舒尔茨意义上的利润最大化的“理性小农”。黄宗智因其观点的独特性被认为是农户经济行为研究“历史学派”的代表人物(史清华，1999)。

2.1.5.4 小农经济制度理性假说和社会化小农假说

郑风田(2000)在批判分析恰亚诺夫“道义小农”和舒尔茨“理性小农”的基础上，借鉴新制度经济学派的制度变迁理论和西蒙的有限理性假说，首次从制度变迁视角把制度因素纳入农户经济行为的理性分析框架提出了小农经济的制度理性假说。该假说把制度安排视为农民经济行为的主要影响因素，而不同制度安排下农民的经济行为具有异质性：在完全商品经济制度下，农民是舒尔茨式的理性“经济人”，其经济行为类似于资本主义企业，以追求利润最大化为目标；完全自给自足的经济制度下，农民的行为类似于恰亚诺夫式的“道义小农”，以追求家庭效用最大化为目标；而在完全自给自足向完全商品经济过渡的制度安排下，农民经济行为具有双重性，既为家庭生产，又为社会生产；即恰亚诺夫式“道义小农”的特征，又有舒尔茨式“理性小农”的行为。因此，农民的经济行为是不是理性行为与特定的制度安排直接相关，随着制度的变迁而变化，而其非理性行为都是制度悖论的直接结果。

徐勇、邓大才(2006)依据小农行为和动机把研究小农经济的相关理论划分为追求利润最大化的“理性小农”、追求生存最大化的“生存小农”、追求剥削最小化的“弱势小农”和追求效用最大化的“效用小农”四个学派，并对四个学派的历史贡献和缺陷进行了深入分析，认为它们都具有一定合理性并对所研究时代大部分小农的动机与行为具有较强的解释能力，但是由于受研究时代、研究区域、研究立场、研究方法等方面的限制，四大学派的经典理论不能解释改革开放后中国小农的行为与动机；同时，也不能把小农简单归为利润追求者、生存满足者、受剥削者、效用追求者。分析小农的行为与动机，必须根据农户的经济能力、所在区域、典型性、需求层次、发展阶段来综合考虑，由此才能抽象出特定时期大部分小农的行为与动机。小农经济按照小农的行为和动机可以分为传统小农、商品化小农、社会化小农和现代小农四个阶段，中国的小农经济正步入第三阶段即社会化小农阶段，而“社会化小农”是指生产、生活、交往高度社会化的农户、农民，其主要特征体现在：温饱等生存需要已经解决，但在高度社会化过程中进一步发展承受着巨大的货币支出压力，故十分崇尚货币伦理，目标是追求个人和家庭货币收入的最大化。

2.1.5.5 简单评述

国外三大学派关于农户行为研究的思想有力解释了所在区域具体历史阶段的农户行为特征并对中国的农户经济行为研究产生了重要影响，开拓研究视野并提供了一种研究思路，但由于受各研究者所处历史时期、地域范围及研究视角等方面的限制，这些理论研究对中国的农户经济行为尤其是改革开放后的包括农户土地流转行为在内的农户经济行为无法做出合理的解释和说明。郑风田的小农经济制度理性假说从宏观的制度视角来分析农户经济行为，具有一定的创新性，是一种很好的研究思路，但农户土地流转行为不仅受宏观的制度因素影响，还受到诸如经济、社会、文化、乡土传统等宏观因素的影响，更受到微观的农户家庭资源禀赋、户主个人特质和心理因素的影响，单纯从制度层面来解释具有一定片面性。徐勇、邓大才的"社会化小农"假设基于中国农村处于一个社会化程度高、土地均等化、税费全免等制度安排下的基本现实，对改革开放后的农户经济行为和动机进行总结和概括，对当前的农户土地流转行为具有较强的说服力，但由于中国农村地区的发展呈现明显的非均衡性和阶段性特征，必须考虑农户经济行为的区域差异性、时代性和农村家庭成员决策的多元性。

2.2 文献综述

2.2.1 农地流转的制度与政策背景

2.2.1.1 土地制度与农地流转实现

在我国现行的农地制度框架下，学者普遍认为农户所享有的农村土地承包经营权实际上是模糊不清并且不稳定的，而土地产权的不完全以及不稳定对土地流转实现具有一定的影响。主要观点如下：

(1)不完全产权对土地流转实现的直接影响。Binswanger(1994)和Feeney(1998)都指出，明确的农村土地产权可以降低交易成本，减少农户的风险规避行为，通过土地所有权的流转和土地使用权的流转，可以使土地资源的得到重新配置和优化。钱忠好(2002)指出我国农村土地承包经营权的不完全性是现阶段农村土地市场发育缓慢的产权原因。不完全的农村土地承包经营权降低了农户土地经营收益、提高了农村土地交易成本，从而降低了农村土地交易的净收益，最终减弱了农户的农村土地需求和供给。

(2)地权稳定性与土地流转实现。稳定的地权是土地交易的基础。由于土地产权不明晰，土地调整行为频繁发生，导致农户缺乏稳定的土地使用权，从而阻碍了农村土地市场的发育(钱忠好，2002、2003；邓大才，2000)。Lohmar et al.(2000)、Lohmar et al.(2001)、Brandt et al.(2002a)、Brandt et al.(2002b)根据中国农村土地的调查数据，对影响农村土地流转市场发展的因素进行了实证分析，结果证实：农村定期、不定期的土地调整与土地流转市场的发展呈反向关系。而稳定的土地使用权来能够推动农村土地流转市场。地权稳定性越高或者农户对地权稳定性的预期越高，农户土地流转意愿也越高(田传浩、贾生华，2004；江怡，2012)。张娟(2006)也指出，农村土地承包经营权发证率较高的地区农村土地流转市场也更发达。

2.2.1.2 农业政策与农地流转的实现

中国政府实施的一系列惠农支农强农政策，如减免农业税、实施农业补贴以及粮食最低收购价等，可以从“增收”和“节支”两个方面提高农民的种田收益和种地积极性。这些政策又将如何影响土地流转？目前，已有研究关注农业补贴政策以及税费改革对土地流转的影响，而最低粮食收购价对土地流转的影响尚无文献关注。现将现有文献的主要研究成果梳理如下：

1. 理论分析

农业补贴对土地流转实现的理论分析。有学者指出国家在实行农业补贴政策后，土地流转的成交价格比原来有所上升，成交数量比原来有所增加(牟燕，2007)。原因在于农业补贴政策实施后，土地经营收益有所增加，供给者在市场上土地供给量的减少值小于需求者土地需求量的增加值。在农村土地流转市场上表现为供给曲线要比需求曲线的变化幅度小。陈丹等人(2011)认为，粮食补贴直接增加了土地经营的预期收益，由于粮食补贴资金均归于土地承包人，流转后实际种粮人没有享受到政府的相关粮食补贴，同时，粮食补贴也未体现对种粮大户的级差补贴，对土地流转没有较大的激励。

税费改革对土地流转实现的理论分析。黄晓峰等人(2008)从理论分析的角度指出，税费改革将促使农村土地流转价格上升，并能促进农村土地流转市场的发育。原因在于税费改革对农村土地供给者和农村土地需求者的影响存在差异，前者较后者为小。在农村土地流转市场上，表现为供给曲线要比需求曲线的变化幅度小。因此，在新的均衡状态下，成交价格较税费改革前有所提高，成交数量也有所增加。而税费改革对供给者和需求者的影响之所以会有所差异在于供需双方偏好的分异。农村土地的供给者多为家庭劳力不足或者因非农工作无力经营但又不愿放弃土地的农户，而农村土地的需求者多为农业边际产出率较高的以务农为主的农户(邓大才，2007)。

2. 实证分析

现有研究中，关于农业补贴和税费改革对土地流转影响的实证分析，多数研究结论表明策短期内对流转行为没有产生明显影响，农村土地流转价格依旧低廉，农村土地流转市场也并未得到进一步发育(刘克春、池泽新，2008；黄晓峰、施建刚，2008)，甚至有些学者的研究表明农业补贴额与农村土地流转呈现负相关，即国家对农村土地的补贴额越多，就越不利于农村土地流转(强妮，2010)。侯石安(2012)采用二元分位数选择模型和贝叶斯估计方法测算国家农业补贴政策对农户转出和转入农地的选择影响，结果却发现，种粮补贴、良种补贴、农资补贴对农户转入农地的激励作用有限。

造成上述结论的原因可能在于：一是政策实施的效果存在时滞效应，短期内难以有明显的政策效果；二是由于农业税费减免与农业补贴收入等在农户全部收入中所占比例极小，难以实际影响农户农村土地流转行为(刘克春、池泽新，2008)；三是其他因素也发生了改变以至于在相当大程度上抵消了这些政策的有益影响，如近年来农业生产资料价格的刚性上涨和农业生产面临的高风险等因素(黄晓峰、施建刚，2008)。

2.2.2 农地流转市场化及市场结构演进

2.2.2.1 农地流转的市场化研究

以市场化为基础的农地制度改革是世界各国农地制度改革的主要方向。对于我国农村土地承包经营权流转，有关学者主要论证了农村土地流转市场化的必要性、形成条件、主要特点和相关政策建议。农村土地流转是农村经济发展的客观要求，农村产业结构与就业结构的变化、农户人口与农业生产能力的变动、农业规模经营必然要求土地流转，市场机制是实现土地流转的最佳选择，土地流转的市场化是农村社会主义市场经济历史的和逻辑的发展(杨学成、曾启，1994；冷崇总，1999)。我国农村土地流转市场的形成条件是：有效的供给主体—农村土地转出农户、有效的需求主体—农村土地转入农户以及有效的交易制度环境(胡新艳，2007；牛梅武，2010)。农村土地流转市场可分为一级和二级市场并统一由集体经济组织管理，一级市场由村集体经济组织垄断且供给缺乏弹性、需求相对稳定，二级市场自由度和弹性均较大(修海玉等人，1994)，基本特征表现为交易形式逐渐丰富，市场主体逐步扩大但类别单一同质化较高，市场供求失衡，价格信号失真(牛梅武，2010)。土地流转市场的构建必须科学界定土地产权、培育农村土地市场和良好的社会环境、制定和完善农村土地流转的监督管理制度(杨学成、曾启，1994；冷崇总，1999），并积极培育土地流转市场的主体和中介服务组织(牛梅武，2010)。

尽管理论上对于土地流转市场建设的讨论比较充分，但是在实践中，土地流转市场的运作并不如预期。下面主要从土地流转市场的角度探讨其与流转实现之间的关系。主要从两个方面展开：一是完全竞争的流转市场与农地流转的实现，即土地流转市场处于完全竞争的条件下，土地流转市场中的供给不足、需求不足或者双向不足导致了土地流转市场中供给或者需求主体的流转意愿无法实现；二是不完善的流转市场与农地流转实现，即土地流转市场发育不完善，土地流转交易成本上升，阻碍了土地流转意愿的实现。

2.2.2.2　农地流转市场供求失衡角度的研究

在新古典经济理论中，假设存在完全竞争市场，这是一种理想的状态，也是对市场展开讨论的基础。对于土地流转市场而言，许多讨论也是建立在完全竞争的假设前提之下的。本书首先梳理完全竞争条件下农地流转的实现情况。

农户进入农村土地流转市场后，其流转意愿的实现与农村土地流转市场的供求态势密切相关。在对农村土地流转市场供求关系进行了经济学分析之后，吴小立(2005)依据土地流转市场中供求双方进入市场的能力将农村土地流转市场划分为两类：现实的农村土地流转市场和潜在的农村土地流转市场①。在不同的类型土地流转市场中，供求关系呈现不同的态势。农村土地流转的供求关系可分为四类：一是有供给又有需求；二是无供给而有需求；三是有供给而无需求；四是无供给又无需求(陆文聪、朱志良，2007)。

基于上述对土地流转市场的划分，农村土地流转意愿未能实现的原因便存在三种论断：供给不足论、需求不足论和双向不足论。

---

① 当供需双方进入能力都很强时，称之为现实的农村土地流转市场；当供需一方能力强，另一方进入能力弱时，称之为潜在的农村土地流转市场；当供需双方进入能力都很弱时，则难以形成农村土地使用权流转市场。

(1)供给不足论。所谓的供给不足论是指农村土地承包经营权流转市场总体水平上呈现需求大于供给的不均衡现象(钱忠好，2003)。持有这一观点的学者注重土地流转市场上供给方对流转形成的影响，认为只要农户愿意转出土地，总能找到租入土地的人(张照新，2002；姚洋，2004；何国俊、徐冲，2007)。因此，持有供给不足论观点的学者在对土地流转的理论模型和实证研究时，均从农户转出土地的供给出发，假设在农户土地交易过程中供给不受需求配给的限制(章奇，2007)。

(2)需求不足论。在学者强调土地承包经营权流转市场中供给对土地流转市场产生约束的同时，一些学者提出了相反的观点，认为影响农村土地流转的因素主要在于需求不足(覃美英等人，2007；蒋满元，2007；韩剑萍，2011)。初玉岗(2001)指出目前我国农村农业企业家短缺，无法提供给农户足够高的土地使用费，也就是说农地需求方提供的租金水平低于外出务工农户要求租金水平，必然会抑制土地流转意愿的实现。因此，在某种意义上，对土地流转需求的不足致使土地流转供给方的意愿无法实现，合理地解释了土地抛荒现象的存在。

(3)双向不足论。在对农村土地流转决策的理论研究过程中，有学者动态考察当前中国农产品价格、非生产性收益、生产性成本、非生产性成本、土地使用成本、土地交易成本等因素对农村土地供求的影响作用，得出结论：中国农村土地流转市场中既存在有效供给不足，同时还存在有效需求不足(于洋、关立新，2006)，即便在经济发达地区农村土地流转市场也存在这种现象。供给不足和需求不足的并存造成了农村土地流转市场的空间狭小(王克强、刘红梅，2001)，农村土地流转市场的发展陷入困境和“低水平波动发展”的局面。也有学者将农村土地流转市场中农村土地的有效供给和有效需求均不足的状况称为农村土地流转市场面临着“双重有限约束”(柏振忠、王红玲，2010)。

也有学者指出，不同类型的农村土地在流转过程中，供求关系会表现出不同的失衡状态。陆文聪、朱志良(2007)对上海郊区不同类型的农村土地流转供求状况进行了实证分析，结果显示，农民对土地的需求不足制约了粮田流转规模，而农民缺乏土地供给意愿则是制约菜田流转规模的关键因素。

2. 2. 2. 3　农地流转市场不完善与交易成本角度的研究

交易成本理论是一种以交易为基本分析单位研究经济组织的比较制度理论。交易成本(transaction cost，又称交易费用)最早由美国经济学家科斯在 1937 年提出，而后成为新制度经济学的最基本的概念。科斯指出，交易成本是“通过价格机制组织生产的，最明显的成本，就是所有发现相对价格的成本”、“市场上发生的每一笔交易的谈判和签约的费用”及利用价格机制存在的其他方面的成本。在后续的研究中，威廉姆森(1975)将交易成本区分为搜寻成本、信息成本、决策成本、监督交易进行的成本、违约成本等，并指出了交易成本的六项来源：有限理性、投机主义、不确定性与复杂性、少数交易、信息不对称、气氛。

在新古典经济理论中，在完全竞争市场上，买卖双方的交易活动由市场自发调节，不会因为搜集信息、谈判而耗费时间、精力等资源，因此交易成本为零。但是现实的市场交易中，信息完备的假设往往是不存在的，交易双方之间存在着信息不对称，发现均衡价格和均衡数量需付出一定代价，谈判、监督都需要耗费成本。对农村土地承包经营权流转市场也不例外。有关学者研究结论指出：交易费用直接影响到农村土地流转能否实现以及实现的形式和规模(Skoufias E.， 1995)。

前文关于农村土地流转市场与流转意愿未能实现的讨论，是以农村土地流转市场是完全竞争市场为假定前提的。但是，现实中的土地流转市场往往处于一种不完善的状态。本书对此类文献的梳理也从交易成本的角度展开，即土地流转市场不完善对流转意愿实现的影响在于土地流转市场的不完善增加了土地流转过程中的交易成本，进而影响了流转意愿的实现。在土地流转过程中，土地流转交易的达成通常需要经过搜寻交易对象、谈判和签约、合约监督和执行三个阶段。

(1)搜寻成本。不少学者指出，我国农村土地流转市场目前是一种信息不对称的双边垄断市场(黄丽萍，2006；赵杰，2009)。双边垄断的原因在于供求双方的信息不对称，造成获取流转信息搜寻成本过高，土地流转的需求方很难找到土地流转的供给方，土地流转的供给方也很难找到土地流转的需求方(李长健、梁菊，2010)。因此，农村土地流转主体即供求双方的缺位与失位致使土地流转市场严重失灵。

目前，我国农村土地流转市场存在“有市无价”、“有价无市”现象的原因是多方面的，缺少市场中介是主要原因之一(周飞，2005)。农村土地流转信息的取得主要依靠与邻居、亲戚、朋友及农村干部的信息交流。因此，由于缺乏必要的市场中介或信息交流平台，获取土地流转供求信息的搜寻成本高、难度大，农户往往更倾向于在亲戚、朋友、邻居等熟人之间或在本村(组)内部进行土地流转，这导致村庄与村庄之间甚至更大区域间土地流转供求失衡，不利于农村土地资源充分有效地配置(黄贤金，2003；孔祥智，2010；关艳，2010)。

(2)谈判成本。在农村土地流转的交易过程中，供求双方需要在流转亩数、流转价格、流转期限等核心问题进行协商和决策，这实际上是流转供求双方对流转交易产生的成本或收益在某种程度上达成共识的过程。但显然，由于利益诉求不同，双方达成一致的谈判过程是非常艰难的。就农村土地流转的现状而言，农户私下完成交易往往面临较大的谈判成本(贾生华等人，2003)。同时，土地的细碎化与插花分布，使得土地需求方想要取得连片土地进行适度规模经营，必须要和很多农户进行谈判，谈判成本大大增加，这就挫伤了土地需求方进行土地流转的积极性(胡同泽、任涵，2007)。韩若冰(2012)则指出，强化政府的土地流转服务职能可以实现交易频率的下降，进而降低交易成本，如通过成立类似于中介的土地信托服务中心，意愿转出农户把土地委托给信托服务中心，意愿转入农户直接与中心对接，从而可以将农户之间的多方谈判变成农户和信托中心之间的一对一谈判，通过减少谈判次数而实现交易成本的节约。

(3)执行成本。农村土地交易缺乏规范的契约，增加了契约的执行成本(贾生华等人，2003)。目前，由于农户间的农地流转大多发生于熟人之间和村庄内部，出于信任和方便省事，供求双方多采用口头协议方式约定具体内容。如果交易双方签订正式流转合约，为防止违约行为的发生，就需要监督和检查合约的执行情况，这样就会产生相应的监督费用(关艳，2010)。但也学者持有不同的观点，认为在村庄内部、农户之间进行的农村土地流转是农户无限次重复博弈的结果，因此，农户之间能够建立起一种信任机制(洪名勇，2009)。有些学者对于正式合约的研究指出，农村土地流转合同若未进行公证，则村干部对农村土地跨村流转的干预也会增加农村土地流转过程农户行为的不确定性，进而增加了农村土地流转的交易费用(李孔岳，2009)。

2.2.3　农地流转的农户决策理论模型

农村土地承包经营权流转的实现是以是否存在足够的需求和供给为基础的，而供给与需求的形成又是市场参与主体——农户理性决策的结果。在现有研究中，很多学者从不同角度对农户流转决策行为进行了研究。

(1)农户参与农地流转的异质性假说。在农村土地承包经营权流转过程中，农户的异质性特征决定了不同农户对土地有不同的需求。只要不同农户之间的土地边际产品价值存在差异，为了追求自身利益最大化，农户就会自发地进行土地流转交易(林毅夫，2000)。农户异质性导致的最终结果是农户家庭各种生产要素(包括土地)的产量不均等，这意味着农村土地交易市场具有天然的发育空间(章奇，2007)。而造成农户异质性的原因是来自多方面的，如农户家庭成员在生命周期、教育程度、经验和能力等方面的差异导致不同的农户在从事不同的经济活动(包括农业和非农经济活动)时具有各自的比较优势，这也导致了实际人地有效禀赋不同。胡新艳(2007)则更强调了人力异质性人力资本对农户流转意愿形成的作用。

(2)农户参与农地流转的理性假说。农户参与土地承包经营权流转的决策建立在农户理性的假设之上。针对土地流转这一特定问题，农户理性的假定大致分为两种不同的观点：一种观点强调农户的经济理性，认为农户的存在表现为一个经济单元，追求效益或效用最大化、付出最小化(王春平，2011)；而另一种观点强调农户的生存伦理，钟涨宝等人(2003)认为在当前农村土地流转市场尚未发育成熟的条件下，农户在流转过程中的行为不可能做到理性化；即使形成了规范的农村土地市场，由于农村土地资源不仅具有生产要素等经济功能，还具有社会保障功能。然而，这两种观点之间的关系在于农户将首要的目标定位在自我生存上，在缺乏有效的生存保障时，农户一般采取的是风险规避型的行为方式，一旦农户的生存有了保障，其经济理性将得以体现(何国俊、徐冲，2007)。

(3)农户参与农地流转意愿影响因素的变量选择。农户作为农地经营权流转权利主体，其意愿与行为对于农地流转模式的选择有着根本的影响(许恒周等人，2012)。但是农户土地流转意愿受到方方面面的影响，在国内外学者的研究文献中，诸多变量被用来分析它们对农户土地流转意愿的影响。在农户个体特征方面涉及的因素有户主年龄、性别、受教育程度(陈美球等人，2008；林善浪、张丽华，2009；刘卫柏，2011；赵光，2012)；家庭特征方面的变量如家庭劳动力数量、外出找工作难易程度、家庭非农收入比重、耕地初始分配面积、土地细碎化程度、家庭社会声望(Yao，2000；Shuyi，Nico Herink，2010；Klaus，2003；Liesbet Klaus Deininger，Songqing Jin，2003；Li Guo et al.，1998；罗进华，2002；田传浩等人，2004；张文秀等人，2005；何国俊，2007；钱文荣等人，2007；秦雯，2012)。另外，土地区位条件、农村土地使用权市场发育情况、土地租金、交易成本、有无中介组织、土地承包经营权的稳定性、社会保障水平以及区域经济发展水平也被纳入影响因素的分析之中(叶剑平，2006；何乐为，2009；李启宇，2010)。

从本质上来看，上述众多学者在研究中所提及的影响农户流转意愿的因素由于影响了农户是否参与流转的收益或成本，从而决定了农户是否流转的行为决策。下面从影响收益与成本的角度，基于土地转出方和转入方的立场，分别对农户流转意愿影响因素进行详细归纳。

2.2.4 农户土地流转意愿的影响因素

2.2.4.1 农户转出土地意愿的影响因素

农户是否愿意将土地流转，一般取决于流转土地后获得收益与支付成本的权衡。对转出土地的农户而言，其收益主要包括因放弃经营土地而从事其他经营活动获得的其他收入和流转土地产生的租金；其成本则主要来自于其放弃土地承包经营权的机会成本，这种机会成本包括其放弃的承包经营土地作为生产、生活资料所提供的就业所得收入和基本生存保障(胡同泽、任涵，2007)。现有研究认为以下因素对农户的土地转出意愿具有重要的影响。

(1)农民非农就业率的提高有助于提高转出意愿。非农收入对农户流转行为有重要影响。剩余劳动力非农就业机会的缺失会导致农村土地使用权的供给不足(姚洋，1999；张文秀，2005；黄丽萍，2006b)。农户越多地参与非农活动，非农收入越高，越可能转出土地而不愿意转入土地。James(2002)通过调查发现：非农就业增加了农户转出土地的可能性，但对农户土地转入的需求有明显的负面影响。他指出，农户对农村土地租赁的需求取决于农户非农就业的发展和劳动力的转移。但农户外出务工挣钱也存在一定的风险，存在在外找不到工作的可能(赵晓秋，2009)。刘克春、林坚(2005)的研究表明：农户对土地需求取决于对非农收入的预期；农地市场生成与否、发育程度如何取决于农户之间非农收入预期的差异。因此，对转出土地的农户而言，考虑其非农收入时，还应加入其对非农就业的预期。

(2)土地的社会保障功能阻碍农户的转出意愿。土地对于农民具有多重效用，包括生活保障、提供就业机会、直接收益、子女继承等(王克强等人，1998；周春芳，2012)。尤其在我国农村社会保障体系的不健全、保险市场的缺失的情形下，农村土地承载着社会保障功能，这也限制了农户的转出意愿。为便于衡量农村土地的社会保障功能对农户土地流转行为决策的影响，钟林(2009)指出农户利用土地进行生产基本上可以看成一种提供生活保障的手段，这种保障功能用单位农产品为该农户带来的效用(以货币为单位)来描述。

(3)劳动力匮乏、人均耕地资源充足更容易转出土地。农户在进行土地流转决策时，表面在权衡收益和成本，而实质却是通过流转实现生产要素的最优组合。一般而言，当农户家庭劳动力年老体迈时或从事非农业时，往往造成自家劳动不足，此时多有农村土地转出行为的发生(洪名勇、关海霞，2012)。同时，人均耕地资源的多少与农村土地的转出行为也存在着密切的联系。人均耕地资源越少，土地稀缺程度越高，这意味着单位土地面积所承载的功能也就越大，人们对土地收益的期望也就越高，转出土地的行为显得更加谨慎，即使转出也要求期限尽可能短，绝不会放弃转出的土地；人均耕地资源越多，土地稀缺程度越低，意味着土地承载的功能越小，对土地收益的期望越低，转出土地的可能性更大，如果转出会愿意接受长期合约，甚至愿意放弃转出的土地(黄丽萍，2006a)。

2.2.4.2 农户转入土地意愿的影响因素

对土地需求方而言，是否进行土地流转的决策同样取决于转入土地前后收益与成本的权衡，即比较转入土地扩大生产所能带来的总收益和所支付成本，只要他转入土地后取得的净收益(经营收益扣除经营成本)大于流转支付的成本，那么他将愿意获得一定的土地开展经营。现有研究认为以下因素对农户的土地转入意愿具有重要的影响。

(1)经营收益的增加会提高农户的转入意愿。农业比较收益的高低是决定农村土地承包经营权需求高低的直接条件(黄丽萍，2006b)。农村土地经营的收益取决于农产品价格和土地产量。陈曜、罗进华(2004)认为，农村土地流转情况和农产品价格高低之间存在很强的相关性：农产品价格高企，土地流转需求增加、流转现象增多；农产品价格低迷时农户土地流转行为很少发生。从影响土地流转收益的产量因素来看，我国大多数农村地区的资源禀赋状况和农业生产技术特点决定了土地流转并不能带来农业生产的规模收益和规模经济，这无疑阻碍了土地转入(罗进华，2002)。

(2)土地生产经营成本居高会降低转入意愿。从现实来看，农产品的增产收益难以弥补成本的增量。从20世纪90年代，农产品的价格与生产资料的价格呈逆向变动。生产资料成本的居高不下，一方面，在于自身难以降低；另一方面，是由于农业生产资料投入利用不充分，大量浪费造成的。因此，在成本的压力下，农业经营利润空间被挤占，农村土地使用权的需求乏力(黄丽萍，2006b；朱强，2010)。

(3)经营风险的存在增加了转入土地的困难。在利用土地进行经营时存在着经营风险。它来自自然风险和市场风险等方面(曹建华，2007)。一旦其预期的收益足够高而成本和风险足够低，那么土地需求者会自然地转入土地，只要他在转入土地后取得的经营收益扣除经营成本以后的净收益大于流转支付成本，并获得一定的经营风险回报，那么他将愿意获得一定的土地开展经营。徐智环(2005)认为受农作物生长周期与自然环境等因素影响比较大，从事农业产业投资或生产经营可能面临较大风险，这种风险性会降低农户耕地使用权流转的市场需求。

(4)人力资本的提升会加大转入土地的需求。有调查显示，农民想转出自己的土地但流转不出去原因在于没有足够的专业大户、家庭农场、农民专业合作社等土地规模经营的主体来吸纳土地(周亚越，2009)。规模经营主体的缺失，从人力资本的角度来看在于缺少具有企业家才能的人才。只有具有企业家才能的人才进入农业领域，才能用较强的创新意识和创新能力去追求利润的最大化，实现优质、新型、高价值的农产品生产，并形成较大的土地流转需求(初玉岗，2007)。

现有关于农户土地流转意愿的研究，积累了大量的研究成果，基本上成为现有土地流转研究中最为活跃的一个领域。这方面的研究在构建适合中国国情的农户土地流转决策模型方面取得了进展。同时，大量的关于农户土地流转影响因素的实证研究，也加深了我们对农户土地流转意愿的认识，为本书的研究提供了很好的基础。但是，现有的农户流转意愿研究在调查农户流转意愿时，大多是直接询问是否有意愿转出或者转入土地。而根据我们的调查观察，实际上农户的转入和转出意愿往往是与流转的租金结合在一起的，不同的租金条件下农户会有不同的转出(转入)意愿。而现有研究大多没有注意到这个条件，从而使得研究所设想的情景与实践之间，存在着偏差。

2.2.5 农地流转市场参与主体行为

博弈论、制度经济学等理论是国内外学者研究农地流转市场参与主体行为的理论基础，他们主要采取定性分析和定量分析相结合的方法对农地流转参与主体的成本、收益情况进行分析。制度经济学派认为，个人、企业和政府是市场经济体制中三个主要的行为主体，收益最大化是他们共同的目标函数，主要的衡量标准是交易成本的高低。只有当经济主体预期净收益大于预期成本时，经济主体才有动力去推动乃至最终实现制度变迁，从而导致新的制度安排(林国强，2008)。邹东涛、席涛(2002)假定市场经济体制下的行为主体都是理性的，个人、企业和政府的目标函数分别是收入最大化、利润最大化和经济发展最大化(充分就业、物价稳定和经济增长)，个人、企业、政府的目标函数既有一致性也有冲突性，三者经常处于互动博弈之中。田国杰、程剑等人(2009)对种稻大户与土地流出户的行为进行博弈分析，对其经济行为决策做出微观描述。刘玉荣、刘芳(2009)应用博弈论，建立了农村集体组织与农户、农户与土地流转承租人之间的经济关系博弈模型。认为农户是土地流转的市场主体，要明确政府部门、集体经济组织、土地流转承租人的职责。郭翔宇、王颜齐(2010)基于博弈论方法分析了农户与村干部在农地流转纠纷中的博弈行为，认为博弈结果取决于农户采取行动的坚决性和谈判能力高低。

2.2.5.1 农户主体行为研究

农户是农地流转的主体，研究农地流转必须关注农户主体行为。农户农地流转行为的发生与经济发展是密切相关，提高农地利用效率是流转发生的根本动机，完全符合农户经济理性行为准则(史清华、贾生华，2002)。但在既定的农地制度框架下，农户的农地流转行为不仅是一种经济行为，而且还是一种社会行为；不仅受农地市场等客观环境的影响，而且还受特定的社会文化环境下人们所形成的心理与主观认知的影响(钟涨宝、汪萍，2003)；经济利益最大化并不是农户在农地流转过程中的行为选择的唯一标准，农户农地流转意愿及其实现路径是特定行为环境下基于有限理性所作出的主观抉择(钟涨宝等人，2003)。

Meredith J. Soule，Abebayehu Tegene，Keith D. Wiebe(2000)；Hanan G. Jacoby，Guo Li 和 Scott Rozelle(2002)；曹海涛(2010)等人强调了农地产权的明确性和稳定性，以及期限的安全性对农地转入方农地长期投资的重要影响。Guo Lia，Scott Rozelle，Loren Brandt(1998)认为在中国农村中土地所有制和伴生权力影响了农户的生产行为。陈和午、聂斌(2006)认为，农户流转行为的短期性特征决定了当前农村土地流转的暂时性和不稳定性。也有学者认为随着国家一系列支农惠农政策的推行和经济社会条件的改变，现实中的农户土地产权趋于稳定和完整，影响农地流转的真正原因是农地比较收益较低和流转交易成本较高(唐浩、曾福生，2008)；陈美球等人(2008)则运用 Logit 模型从农地转出方、转入方视角实证分析了家庭特征、家庭经济和资源禀赋等三个方面因素对农户耕地流出行为和耕地流入行为的不同影响。

2.2.5.2 村集体行为研究

中国的农地流转大多以村庄内部的农户流转为主，而村集体作为农村基层行政组织在土地流转过程中对农户土地流转行为发挥重要影响作用。Brandt，Huang，Li and Rozelle(2002)强调农村基层组织对中国农村集体土地产权制度的重要影响，村干部由于土地稀缺性、分配的公平性、地方政府税费征收的便利性以及寻租行为等原因频繁进行土地的行政性调整。Turner，Brandt 和 Rozelle(1998)更是提出中国农地制度是由村干部决定的重要假设，村干部出于追求全村生产剩余之和最大化的考虑实施不同的土地分配和调整方案。贺雪峰(2010)提出，在当代中国农村，农民的大部分超出家庭层面的公共事务需求都需要村民小组或村委会等基层组织作为基本认同和行动单位来提供和满足，土地流转当然涵盖其中。虽然目前一些村集体干预甚至强制农民进行土地流转的行为损害了农民利益，但从长远来看，村集体将会在农地流转过程中发挥积极作用(林玉妹，2005)。王辉(2009)通过建立博弈模型，研究土地流转中国家、地方政府、村集体，与农民的行为，并认为由于权利主体不明晰，实质是村集体替代农民行使权利，即村集体和国家监督部门之间存在监管博弈，而农民与国家则存在着关系缺失问题。

2.2.5.3 政府主体行为研究

大多数研究认为政府在土地管理上不能越位，也不能错位，更不能空位。同时，应该强化政府的服务与管理职能，重点加强土地承包流转的合同、权证、档案、信息管理等，并赋予农经机构土地承包、流转的行政稽查执法职能，对土地承包和流转的进行有效监督管理。Arild Angelsen(2001)运用博弈论模型，通过三个典型的林地分配案例来分析在林地资源竞争和市场整合中当地政府和联邦政府的行为。邹东涛、席涛(2002)认为政府是宏观经济的行为主体，目标函数是经济发展，是经济发展微观主体活动从宏观总体上的反映。陈丽华(2010)认为土地流转中的政府行为正是“诺斯悖论”的反映，政府可以成为土地流转的引导力量和推动力量，但不能成为主导力量，其基本职能是为土地流转提供良好的制度环境和运行规范。杨军(2012)分析了政府主导型土地流转的主要特点和内在缺陷，从社会治理视角分析了地方政府主导土地流转的治理成本，基于交易成本理论对地方政府流转土地的治理绩效进行了评估。结果表明，地方政府主导土地流转模式是一种基于部门利益最大化的资源配置模式。另外，部分省市的实践结论表明，要制定各种优惠政策，鼓励农民流转承包地，重点是对流出、流入方采取支持鼓励政策，如对流出方给予补贴奖励，对流入方给予相应的资金补贴。同时，对规模经营的农业实体，在信贷、保险、用电、用地等方面应给予一定的优惠政策。从近期各地的实践来看，鼓励流转、扶持流转已经成为当地政府促进土地流转的重要手段。

2.2.6 农地流转的国际经验与启示

2.2.6.1 农地流转的国际经验

由于土地产权制度的差异，国外较少使用土地流转(land circulation)或农地流转(rural land or farmland circulation)的概念(华彦玲等人，2006)，因为大部分国家实行土地私有产权制度，土地可以直接进入市场公开交易，故国外一般使用土地交易(land transaction)概念，而土地交易既包括农村土地所有权的交易或流转，也包括农村土地的租赁、抵押或置换等使用权经营权的流转。

美国属于典型的农地私有制国家，由于人少地多、人地关系比较宽松，再加上市场经济比较发达而且政府鼓励支持农地所有权和使用权自由流转，美国农业经营格局逐渐由小规模分散粗放型家庭经营，发展到以家庭为单位的适度规模经营，再发展到专业化、现代化的综合的家庭大规模经营阶段(李振远，2011)。在农地私有和家庭农场经营制度下，美国的农地流转呈现如下特点：(1)农地产权边界明晰，农地流转以市场调节为主；(2)政府对农地流转进行调控和管理；(3)稳定而有保障的农地私有权；(4)农场主自发成立维护自身利益的农场局；(5)农地流转的目的主要在于扩大农场的规模，加快生产要素的有序组合以及促进先进科技与管理经验在农业的运用(李刘艳，2012)。

日本农业经历了以农户家庭经营为主体的分散经营到规模经营的过程，最终形成了农地私有为主、小规模家庭占有、合作化经营、社会化服务的农业经营体制(卞琦娟，2011)。日本的主要做法包括：(1)农地流转具有完善有力的法律法规保障，法律法规之间互相补充、相互呼应、前后衔接，体现了日本农地流转制度的体系性、规范性和可操作性(姚永龙，2010)，有利于消除农民疑虑，进而促进农地流转；(2)注重扶持和培育农地流转中介组织，如农业委员会、农业协会、市町村以及农地保有合理化法人；(3)确立“认定农业者”制度，保证农地流转的方向；出台了农业人养老金制度，对符合条件的农户发放养老金，以保障农业后继有人、稳定农业和扩大农地经营规模；(4)通过农地整治、强化农业基础设施建设提高农地流动化率(黄延延，2012)。

从20世纪初到现在，英国农业发展中变化最大的就是由过去的大地主、租地资本家以及农业雇佣工人所组成的租佃制农场转变为以家庭自营农场为主导的经营形式(李威，2009)。英国促进农地流转的主要措施包括：(1)赋予个人和私人机构永久业权，以利用定归属，重视保护土地的“动态利用”(李刘艳，2012)；(2)用《农业持有地法》、《农业法》等法律鼓励流转，通过各种形式的补贴补助促进农业规模经营；(3)市场调节与政府调控相结合促进农地流转，市场调节主要通过自由的收购和租赁等流转手段来实现土地集中和规模化经营(丁关良，2010；王忠林，2011)，同时政府通过指导性计划、法律、经济政策等手段渐进指导和干预农地流转市场(李刘艳，2012)。

法国是当前欧洲第一农业强国，农业经营基本单位是家庭农场。为了解决人地关系矛盾，除了改革土地继承制度保证土地不再继续细碎化外，法国促进农地流转、推进农地规模经营的主要探索有：(1)支持中等规模的农场发展，促进小规模农场转移，稳定大农场(李刘艳，2012)；(2)通过发放养老金或补助等手段，减少富余劳动力；(3)设立“土地整治与农村安置公司”，专门成立土地事务所、土地银行对流转市场进行监管(史志强，2009)；(4)颁布《农业指导法》、《农业指导补充法》等法律法规来保护土地，促进土地的流转(华彦玲等人，2006)。

2.2.6.2 农地流转国际经验的启示

虽然由于社会、经济、法律传统的差异，美英法日等国农地所有制和农地使用权制度有很大不同，但它们都已实现了从传统农业向现代农业的转变，在农地使用权流转实践过程中积累了相当丰富的经验，对于促进中国的农地流转具有重要借鉴意义与启示。

(1)产权明晰、权利充分是农地流转顺利实现的关键。产权清晰充分可以降低交易成本、有效提高供求双方对土地收益的心理预期，从而提升农地流转交易的可能性和成功率。中国应当按照“产权明晰”的要求完善集体土地所有权制度和“完善土地承包经营权权能，依法保障农民对承包土地的占有、使用、收益等权利”(王忠林，2011)，特别是赋予农民长期、稳定、充分的承包经营权，为农地顺利流转奠定基础。

(2)注重对农民组织和流转中介组织的培育和扶持。市场分割和市场机制不完善的情况下，中介组织的参与，不仅促进了农户的合作，而且也成为农地流转过程中最重要的媒介，通过降低农户农地流转的交易成本、加快了农地流转的速度、提高了农地流转的效率(李威，2009)。当前中国农户农地流转主要靠乡镇政府、村委会协调和推动，而乡镇政府和村委会既是权力机构又不同程度地担负着农地使用和管理的职责，特别是村委会还是名义上的农地所有者，可谓“既当裁判员又当运动员”，效果可想而知。因此，需要从立法、政策上为培育新型农民组织和不以盈利为目的的独立中介组织提供保障和扶持，从而更好地为农户农地流转服务。

(3)注重政府对农地流转的宏观调控和管理。政府参与农地流转不仅因为市场调节存在市场失灵，还在于农地流转不仅是个经济问题，而且还具有政治性，因为土地作为公共资源，其流转必然涉及公众的共同利益，而政府作为公共利益的代表，必须享有土地的管理权和规划权(史志强，2009)。国家采用法律、经济和行政手段对土地流转市场进行宏观调控与管理(李刘艳，2012)有利于对农户土地流转的行为进行规范和引导，一方面，可以防止土地兼并现象的产生、保护农民利益；另一方面，可以提高土地流转的规划程度，有利于土地的合理流动和高效利用((李刘艳，2012；史志强，2009)，当然国家的宏观调控和管理也应得到限制，不能侵犯和剥夺农民的应得利益。

(4)农地流转需要健全的法律法规体系作保障。完善的法律、法规以及政策保障，规范了农地流转双方的权利和义务，减少了谈判成本和履约成本，也降低了农地流转的交易费用，促进了农地的有效流转(王忠林，2011)。我国现行的农地流转规定中对土地承包经营权流转的限制性规定较多，不适应加快流转的需要；同时，现有配套法律法规不完善，大多是对土地流转的原则性规定，对流转的具体程序和步骤并没有详细的规定(史志强，2009)。因此，必须通过制定、修订完善农地流转的相关法律法规，保障土地流转的公平、规范、合理。

(5)注重对农户权利的保护和利益的补偿。在土地流转过程中对农户和农民的权利进行保护，保证土地流转双方利益分配的公平性是土地流转的核心内容(王忠林，2011)。从一定意义上讲，保护农民的土地权利和利益补偿是农地流转的核心内容(史志强，2009)。在我国的农地流转过程中，农户权益受到损害的事情时有发生，如政府强制推进农地流转而且流转价格过低、流转不规范导致纠纷不断、政府征地补偿标准过低等，同时，农地在我国很多地方对农户来讲还具有社会保障、就业和收入的功能。因此，应加强政府对农户农地流转的规划、引导和服务，在建立健全农村社会保障体系的同时，加大对失地农民的补偿，土地补偿标准应与市场挂钩或者推行“土地换社保”等措施，切实保障农户农地流转的权利和收益。

(6)农地流转必须结合人地关系和经济社会发展状况循序渐进。我国农村人多地少、人地关系矛盾突出，家庭联产承包责任制的完善和农地流转的推进将是一个长期过程，农地流转必须与农业现代化、新型工业化与新型城镇化协调发展的进程相适应(李振远，2011)。如果流转过快，那么大量的土地会集中到企业手中，而城镇化和工业化能够提供给失地农民的就业岗位有限，加之我国针对农民的社会保障体系还不健全，一旦转移的农民数量过多，肯定会影响到社会稳定。同时，我国幅员辽阔，各地资源禀赋条件和经济社会发展阶段差异明显，农地流转不能一刀切地采取某种模式盲目推进，必须因地制宜、循序渐进。

2.2.7 总结性评述

对中国农村土地承包经营权流转问题的研究，不同学者从不同的研究视角切入，研究内容涵盖诸多方面，从微观的农户农地流转意愿及其影响因素、农地流转参与主体的决策行为到宏观的农地流转的市场化、农地流转实现的的制度与政策因素、农地流转的国际经验及启示等，涉及经济学、地理学、社会学、心理学等多个学科领域。总体来看，当前关注农户个体层面的流转行为构成了现有研究的重点。现有研究的贡献或特点在于：(1)对农户土地流转意愿与流转行为决策过程的关注较多，即关注什么因素造成农户愿意或不愿意转入或转出；(2)充分认识到了农户的理性决策行为是农村土地流转市场供给和需求形成的基础；(3)明确了农村土地流转的市场化改革方向，简单分析了土地流转市场供求失衡和市场不完善对农户农地流转意愿的影响；(4)关注到了制度、政策因素对农户农地流转的影响。基于文献的梳理和总结，我们发现现有研究也存在一些不足之处：第一，重点从微观视角定量分析影响农户农地流转意愿与决策行为的因素，但没有强调和分析现阶段农地流转面临的市场格局与竞争环境，更没有分析不同市场环境下农户农地流转行为以及农地流转市场均衡量的差异。第二，以往研究大多局限于农地流转的转入或转出方立场，没有分析影响微观决策的意愿转入和意愿转出农户共同的敏感性因素及其决定。

虽然基于农户视角的农地流转研究特别是农户流转意愿与行为研究是当前农村农地流转的研究重点，但必须指出的是，农户形成土地流转的意愿是土地承包经营权流转实现的前提，但只是必要条件而并非充分条件。从现实来看，农户参与土地流转的意愿水平远高于实际发生的水平。因此，关注农村土地承包经营权流转的实现问题将具有更现实的意义，这就需要研究的视角从关注农户流转意愿的形成演变到关注土地流转交易实现的条件，特别是市场竞争环境和具体实现条件，系统性地找出决定或妨碍意愿达成交易的因素。

首先，在宏观层面上，农村土地承包经营权流转行为多发生在村庄内部，以村庄为界限往往构成一个个相对独立和分割的土地承包经营权流转的小市场。因此，本书设想农户的土地流转意愿不能实现，或者说土地流转意愿和流转实际之间存在偏差，可能与目前这种特殊的流转市场格局有关。一方面，即使各个小市场之间差异较小，属于完全竞争的土地流转市场，若将各个小市场通过搭建一体化的平台形成一个统一市场，是否会促进土地承包经营权流转的实现？另一方面，由于缺乏相对完善的市场服务机构和设施，即使在一个个小市场内，是否也会由于交易成本过高而影响土地流转意愿的实现？

其次，在微观层面上，农户是农村土地承包经营权流转市场的参与主体，各种因素直接影响着农户的流转意愿与行为决策。但是，这种微观层面的改变演化到市场层面又会如何，即农户农地流转的决策行为改变对农地流转市场供求的影响如何，进而土地流转市场的均衡量又会发生何种变化？

最后，从制度和政策层面来看，政府的相关政策对土地流转的实现存在何种程度的影响？若在政策上进行调整或干预，则是否能促进土地流转交易的实现？这些都是需要关注和深入探讨的问题。

第3章　研究区域与理论分析框架

本章将在对研究区域、样本村与调查问卷进行界定和说明的基础上，利用农户调查数据将农户流转意愿与实际流转行为进行对比分析判定农地流转意愿是否未充分实现，进而确定不同市场环境下农户农地流转意愿与行为的分析视角，即首先分析市场分割下的农户农地流转行为，包括市场分割对农户农地流转的影响以及农户农地流转意愿对农地流转市场均衡的影响；进而分析打破市场分割形成统一市场对农户农地流转的影响以及政策因素对农地流转市场均衡的影响。

3.1　研究区域

3.1.1　样本区域的选择

依据典型性、差异性和可操作性等原则，选择河南省郑州市作为研究区域。

3.1.1.1　典型性

河南是我国的传统农业大省，以其作为农地流转的研究对象，对其他农业省份的农村土地流转具有较强的借鉴作用。郑州市作为河南省省会，现辖6区5市1县和郑东新区、郑州航空港区、2个国家级开发区

(经济技术开发区和高新技术开发区)和 1 个国家级出口加工区，2011 年建成区面积 328 平方千米，人口 885.7 万。郑州市农业产值在经济发展中的比重较高，并且农业发展基本处于传统农业阶段，那么能否选择郑州市作为农区尤其是以粮食生产为主的农业大省的代表？这里将郑州市与 13 个粮食主产省市区的主要经济指标列入表 3-1 中。

表 3-1　　**2011 年郑州市与我国粮食主产省市区经济指标**

	地区生产总值(亿元)	农业总产值(亿元)	农业比重	人均地区生产总值(元)
郑州市	4912.7	614.09	12.5%	46402
河南省	26931.03	3474.10	12.9%	28716
山东省	45361.85	3991.84	8.8%	46976
河北省	24515.76	2941.89	12.0%	33719
辽宁省	22025.9	1916.25	8.7%	50299
内蒙古	14359.88	1321.11	9.2%	56666
吉林省	10568.83	1278.83	12.1%	37870
黑龙江省	12582.00	1711.15	13.6%	32692
江苏省	49110.27	3093.95	6.3%	61022
安徽省	15300.65	2050.29	13.4%	25395
江西省	11702.82	1404.34	12.0%	25988
湖北省	19632.26	2571.83	13.1%	34233
湖南省	19669.56	2734.07	13.9%	29893
四川省	21026.68	2985.79	14.2%	26147

注：依据国家统计局网站(http://www.stats.gov.cn/)和河南统计网(http://www.ha.stats.gov.cn)公开数据整理得来。

从表 3-1 来看，相对于 13 个粮食主产省而言，郑州市农业总产值占 GDP 比重为 12.5%，介于最大值 14.2%和最小值 5.8%之间；郑州市人均地区生产总值为 46402 元，也介于最大值 61022 元和最小值 25395 元之间。作为典型的农业区，河南省是传统粮食生产大省，外出务工人员规模大，土地流转问题急需解决，而郑州市作为辐射中原经济区的核心城市，其经济发展速度最快、城市化率最高，这势必会导致郑州市主城区外围的县域城市(选取巩义市和中牟县为样本区域)大量农业人口通过进城务工涌入城市，而留守农户又具有扩大农地经营规模的诉求，进城农户与留守农户对土地流转的意愿均较强。因此，将郑州市作为农区的代表具有一定的典型性。

3.1.1.2 差异性

首先，就在郑州市而言，市内各地区之间发展不均衡。样本城市巩义和中牟都是隶属于郑州市的县级城市，巩义市的第二产业发达，是依赖资源型产业发展的工业主导型城市，连续多年位居全国百强县前列，同时也是全国综合改革试点县和乡村城市化试点县；中牟则与之相反，是河南省传统农业大县，农业经济指标多年稳居郑州第一和全省前列。因此，选择巩义市和中牟县作为农地流转的样本区域，可以消除区域经济发展不平衡对研究可信度造成的影响。

其次，从本次调查涉及的巩义市和中牟县来看，两个县级市在土地流转发生率上存在着明显差异。自2006年以来，郑州市在推进统筹城乡建设过程中，登记流转土地超过1.33万公顷(陈红卫、吴大付，2012)。根据郑州市农村工作委员会农业经济经营管理站(简称农经站)的统计数据(如表3-2所示)，截至2011年底，郑州市土地流转总面积(含耕地、林地、果园、鱼塘和四荒地，下同)达39.2万亩，土地流转率(流转土地面积除以总的农用地面积，下同)为8.34%，而参与流转的家庭承包耕地面积为27.8万亩，占全市356.1万亩家庭承包耕地总面积的7.82%，涉及农户10.6万个。截至2011年底，巩义市土地流转总面积为11.7万亩，土地流转率为16.30%，其中共有295个行政村的5.5万户农民参与耕地流转，流转面积达5.6万亩，占家庭承包耕地总面积的14.44%。截至2011年底，中牟县土地流转总面积为4.8万亩，全部为农户家庭承包的耕地，总的土地流转率为4.87%，涉及105个村庄的6711户农民，占全县家庭承包耕地总面积的比重为5.63%。显然，基于上述数据，巩义市的土地流转比例与家庭承包耕地流转的比例均明显高于中牟县，农户参与也更广泛。

表 3-2　**2011 年底郑州市、巩义市和中牟县的土地流转状况**

区域	土地流转总面积(亩)	土地流转比例(%)	耕地流转面积(亩)	耕地流转占比例(%)	涉及村数(个)	涉及农户数(户)
郑州市	392366	8.34	278424	7.82	766	106311
巩义市	116503	16.30	56000	14.44	295	55000
中牟县	48420	4.87	48420	5.63	105	6711

数据来源：根据郑州市、巩义市、中牟县农经站统计数据整理。

最后，不仅巩义市和中牟县在土地流转率和耕地流转比例上存有差异，两地在耕地流转的流向上也差别明显。从表 3-3 来看，在巩义市已流转的 56000 亩耕地中，农户到农户的流转面积为 20320 亩，占总流转面积的 36.3%，仅次于流转入经营大户的 21250 亩(37.9%)；流转给农业企业的耕地较少，面积为 12560 亩(22.4%)，流转到合作社等农民合作组织的耕地面积最少，仅为 1870 亩(3.3%)。

在中牟县已经流转的 48420 亩耕地中，农户与农户间的土地流转面积最少，仅为 2752 亩，占总流转面积的比例为 5.7%；由农户流转到土地经营大户的耕地面积最大，达 24314 亩，所占比例超过一半(50.2%)；流转到农业企业的面积也较大，为 16446 亩，约占总流转面积的 34%；另外 4908 亩流转给农民合作组织。

表 3-3　**郑州市、巩义市、中牟县 2011 年土地流转流向**（单位：亩）

区域	农业经营大户	农业企业	农民合作组织	一般农户	合计
郑州市	67928	89500	88076	32921	278424
巩义市	21250	12560	1870	20320	56000
中牟县	24314	16446	4908	2752	48420

数据来源：郑州市、巩义市、中牟县农经站统计数据整理。

从表 3-2 和表 3-3 列出的数据可以看出：巩义市和中牟县不仅在土地流转流发生率上存在明显差异，而且在土地流转的流向上也存在较大差异：发生在巩义市的土地流转以农户之间的小规模流转和由农户流转给农业经营大户为主，而发生在中牟县的土地流转以土地由农户流转给经营大户和农业企业为主，中牟县的农地规模经营趋势更加明显。

3.1.1.3 可行性

从全国范围看，农村土地承包经营权流转已具有一定的规模。截至 2011 年 6 月，全国通过各种方式流转土地面积达 2.07 亿亩，占全部家庭承包经营面积的 16.3%左右(陈晓华，2011)。河南省农村土地流转始于 20 世纪 90 年代，伴随农民大量外出打工，近年来土地流转规模和速度有了迅速提升。截至 2011 年 6 月，河南省农村土地流转面积达 98 万平方千米，占家庭承包土地面积的 15.4%，其中用于粮食生产的占流转总面积的 66.3%(杨希玲，2012)。近年来，河南省以创建农村土地流转有形市场为契机，将郑州市作为农地流转的试点，推动农村土地有序流转，已形成以土地流转交易平台推动型的流转模式(胡钰，2011)。郑州市政府非常重视农村土地流转工作，累计投入 400 万元资金用以建立和完善市、县、乡、村四级土地流转服务平台，成立 12 个县级土地流转服务中心和 109 个乡镇级土地流转服务站，并创建郑州市农村土地流转信息网。2009 年郑州市土地流转总面积已达 35.99 万亩，其中耕地流转面积 24.24 万亩，占家庭承包耕地总面积的 6.6%。截至 2012 年底，郑州市土地流转总面积达 56.4 万亩，占家庭承包耕地面积的 16.02%，涉及 93 个乡镇、766 个村和 10.6 万户农民。

由此来看，郑州市是较早探索建设农村土地流转有形市场的试点地区，当前已有相当数量和比例的农户参与到土地流转过程之中，这为本书开展调研工作奠定了基础，也为获得具有代表性的调研数据提供了保障。

3.1.2 样本区域概况

郑州位于东经112°42′~114°13′，北纬34°16′~34°58′，北临黄河、西依嵩山，东南为广阔的黄淮平原，东、西、南、北分别与开封、洛阳、许昌和焦作、新乡接壤。郑州市横跨中国二、三级地貌台阶，西南部嵩山属第二级地貌台阶前沿，东部平原属第三级地貌台阶，山地与平原之间则是浅山丘陵地带；最高点位于登封市少室山的连天峰，海拔约为1512.4米，最低点位于中牟县韩寺镇胡辛庄，海拔仅为73米。郑州地处中原腹地，素有“中国铁路心脏”之美誉，是国家重要的综合交通枢纽和中部地区重要的中心城市，也是黄河流域第一大城市和经济中心，更是中原经济区和中原城市群的核心城市。

本次调研所涉及的巩义市和中牟县分别位于郑州市的西部和东部，基本概况如下：

3.1.2.1 区位

巩义市组建于1991年8月，是郑州市下辖的县级市；位于郑州市西部，地处东经112°49′~113°17′和北纬34°31′~34°52′之间，东与郑州上街区、荥阳市为邻，西与洛阳偃师市、孟津县接壤，南与郑州登封、新密依嵩山为界，北和焦作市孟州、温县隔黄河相望。巩义区域总面积1041平方千米，下辖5个街道办事处、15个乡镇、26个社区、289个行政村。

中牟县也是郑州市县级市辖区，处于北纬34°26′~34°56′和东经113°46′~114°12′之间，位于郑州市东部，东接开封市，西邻省会郑州，南与开封尉氏县、郑州新郑市相邻，北临黄河与新乡原阳县隔河相望。中牟区域总面积达1416.3平方千米，下辖2个街道办事处、16个乡镇，426个行政村。

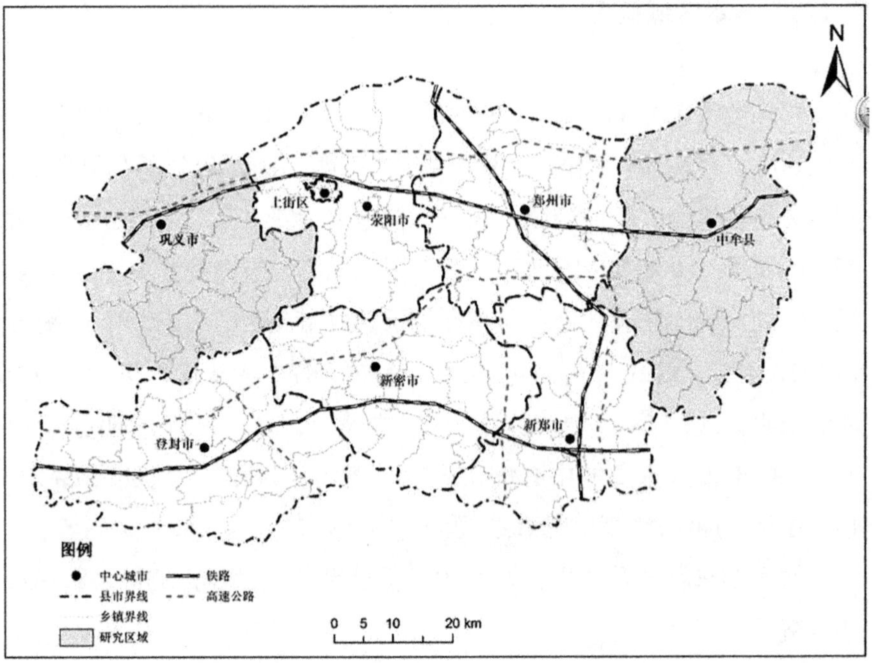

图 3-1 巩义市、中牟县区位示意图

3.1.2.2 人口与城镇化水平

2011年底，巩义市总人口81.02万人，其中乡村人口43.51万人，城镇人口37.51万人，分别占总人口的53.7%和46.3%；2011年末，中牟县总人口70.93万人，其中农村人口45.33万人、城镇人口25.60万人，分别占总人口的比例为63.9%和36.1%。

表3-4 **巩义市、中牟县人口与城镇化水平(2011年)**

	巩义市	中牟县	郑州市
总人口(万人)	81.02	70.93	885.70
乡村人口(万人)	43.51	45.33	311.56

续表

	巩义市	中牟县	郑州市
比重(%)	53.7	63.9	35.2
城镇人口(万人)	37.51	25.60	574.14
比重(%)	46.3	36.1	64.8

注：数据来源于郑州统计信息网。

从人口学的角度来看，城镇化是农业人口转化为城市人口的过程，即以农村人口不断向城市迁移和聚集为特征的一种历史过程。若用市人口和镇人口占全部人口的百分比来表示城镇化率或城镇化水平，巩义市和中牟县城镇化水平明显低于2011年我国平均城镇化率(51.27%)，与东部的总体城镇化水平61.0%更是具有较大差距。相对于郑州市而言，巩义市和中牟县的城镇化水平均低于郑州市的平均水平，而中牟县的城镇化水平更低，甚至低于40.6%的河南省平均水平。

3.1.2.3 经济发展水平

2011年，巩义市地区生产总值为481.3亿元，中牟县地区生产总值为317亿元，农村居民人均纯收入分别为11392元和10216元。从三次产业结构来看，巩义市农业在产业结构中所占比重远低于中牟县，巩义市三次产业结构比例为1.8：74.7：23.5，中牟县三次产业比例为14.6：59.2：26.2。

表3-5 **巩义市、中牟县经济发展水平和产业结构(2011年)**

地区	地区生产总值(亿元)	农村居民人均纯收入(元)	第一产业(%)	第二产业(%)	第三产业(%)
巩义市	481.3	11392	1.8	74.7	23.5
中牟县	317	10216	14.6	59.2	26.2

注：数据来源于郑州统计信息网。

就农业生产而言，中牟县是典型的传统农业大县，主要农业经济指标连续多年位居郑州第一和河南省前列。中牟是国家农业部确定的全国无公害蔬菜基地县、商品粮基地县，也是河南省农业标准化生产示范县和农业“十强县”，其大蒜、西瓜、蔬菜等农产品享誉国内外，被誉为“大蒜之乡”、“西瓜之乡”。2011年，中牟县农业增加值达到46.4亿元。巩义虽为工业为主的县级经济强市，但农业生产也达到一定水平，2011年农业增加值达到8.8亿元，通过大力推进农业产业化经营，农业龙头企业发展到76家，截至2011年底，全市省级示范合作社5个，郑州市级示范合作社15个，2011年新申报省级示范合作社5个、郑州市级示范合作社15个，农民专业合作社达到122个。

3.1.2.4 耕地资源

地理上，巩义市地处豫西浅山丘陵区，山地、丘陵和河谷平原分别占总面积的43.4%、45.3%和11.3%，地势为“两山夹一川”。2011年巩义市总农用地面积为712577亩，其中耕地面积486541亩，家庭承包耕地面积387785亩，未分配到户耕地面积98756亩，人均耕地面积仅为0.60亩，而旱涝保收田农民人均仅0.3亩，人多地少的矛盾尤为突出。

中牟县位于中原腹地黄河南岸，地势平坦、土壤肥沃、雨水充沛，旅游资源和农产品资源十分丰富。2011年，中牟县总农用地面积为995070亩，其中耕地面积86.6万亩，家庭承包耕地面积859439.4亩，未分配到户耕地面积6125.1亩，人均耕地面积1.22亩。

表3-6 巩义市、中牟县耕地资源状况

	郑州市	巩义市	中牟县
2011年末耕地面积(亩)	3674047	486541	865565
人均耕地(亩)	0.415	0.600	1.220

注：数据来源于郑州市、巩义市、中牟县统计信息网。

3.1.3 样本村选择与问卷设计

3.1.3.1 样本村选择与数据获取

2009年起，为提高土地资源合理有效配置、促进产业发展和农民增收，郑州市政府以“政府引导、市场调节、农民自愿、依法有偿、流转有序”为原则，将建立健全土地承包经营权流转市场作为“十二五”期间的重点工作，先后建立了12个县级土地流转服务中心和109个乡镇土地流转服务中站，并创办“郑州市农村土地流转信息网”，制定了多个关于规范和促进农村土地流转的文件规定并实施了土地承包经营权流转的财政奖补激励政策①，截至2012年底对113个经营主体累计下拨土地流转奖补专项资金1123万元。截至2012年底，郑州市土地流转总面积达56.4万亩，占家庭承包耕地面积的16.02%，涉及93个乡镇、766个村和10.6万户农民。

样本村的选择是基于区位交通条件(离县城和主要公路的距离)和经济发展水平(农民人均纯收入)，采取分层抽样方式确定，首先根据村庄离县城和主要公路的距离进行分层②，然后根据经济发展水平即农民人均纯收入(10000元以上为高收入，8000~10000元为中高收入，5000~8000元为中等收入，5000元以下为低收入村)进行叠加，最终确定巩义市鲁庄镇的念子庄村(中等通达中高收入)和桑家沟村(偏远中低收入)、中牟县狼城岗镇瓦坡村(城郊高收入)和北堤村(偏远低收入村)为调查样本村。

---

① 郑州市农业农村工作委员会.《关于建立健全土地承包经营权流转市场的意见》郑农[2010]50号.2010年6月17日.

② 5千米之内为城郊或交通通达村，10~30千米为中等通达村，30千米以上为偏远村。

选定样本村后发现：样本村即巩义市的鲁庄镇念子庄村和桑家沟村、中牟县狼城岗镇瓦坡村和北堤村均属于所在区域的土地流转示范区，已有的土地流转得到了政府相关政策的大力扶持①。

鉴于此，作者在郑州市、巩义市及中牟县农委农经站以及相关乡镇干部的协调、帮助下，于 2012 年 7—8 月带领培训过的学生对郑州市的巩义市鲁庄镇念子庄村、桑家沟村、中牟县狼城岗镇瓦坡村和北堤村四个村庄的农户进行访谈和问卷调查，共发放问卷 750 份，回收 708 份，最终核实有效样本农户 677 个，样本有效率为 95.6%。2013 年暑假，作者又在巩义市及中牟县农委农经站以及相关乡镇干部的协调帮助下对样本村村干部进行访谈，掌握了四个样本村的基本情况。

3.1.3.2 样本村基本情况

样本村基本情况主要通过村干部访谈与问卷调查得到，主要内容包括：(1)样本村的地形、区位、人口、耕地面积；(2)样本村的经济发展水平、人均年收入、村民主要收入来源；(3)样本村耕地流转的面积、比例、范围、对象、价格、期限等基本情况。根据访谈和问卷调查结果整理，四个样本村的基本情况如下：

1. 鲁庄镇念子庄村和桑家沟村

鲁庄镇位于巩义市西南部，地处巩义、偃师和登封三市交界处，属浅山丘陵区，地形呈东南高隆、西北低垂之势，南北长 25 千米，东西宽 8 千米，辖区面积 93 平方千米，辖鲁庄村、念子庄村、桑家沟村等 29 个行政村、242 个村民组，15750 户，人口 63001，耕地面积 62606 亩(其中，家庭承包耕地面积 53798 亩，水浇地面积 31500 亩)，人均耕地 0.99 亩。鲁庄镇属传统农业大镇，2011 年粮食产量为 2.49 万吨，

---

① 郑州市人民政府办公厅：《郑州市人民政府办公厅关于规范农村土地流转促进土地适度规模经营的意见》，2009 年.

但近年来工业逐渐成为该镇主导产业，2011 年工农业总产值达 59.67 亿元，其中，工业总产值 57.3 亿元，农业总产值 2.37 亿元，仅占工农业总产值的 4%，2011 年农民人均纯收入为 7153 元。根据鲁庄镇农经站统计数据，截至 2012 年底，鲁庄镇耕地流转面积已达 9050 亩，占家庭承包耕地面积的 16.8%。

念子庄村位于鲁庄镇的西北角，距离鲁庄镇政府 4.3 千米、距离巩义市 26.7 千米，下辖 6 个村民组、560 户、2373 口人，耕地面积 2250 亩，其中水浇地面积 2000 亩，人均耕地 0.95 亩。念子庄村有一定的工业基础，村里的机械加工业曾经毕竟红火，但现在已经大不如前，近几年，随着农业经济稳步增长，在土地流转的带动下，已形成以传统农业种植、生猪养殖、花木种植为主的发展格局。2011 年念子庄村农民人均纯收入为 7196 元，村里的土地流转面积达到 400 亩，占全村耕地面积的 18%。生猪养殖是念子庄村村民收入的一个主渠道，村里的养殖户在农业局的指导和帮助下成立了生猪专业合作社，合作社和养殖户每年出栏商品猪 2 万多头；村里的恒丰花木种植专业合作社以经营绿化苗木为方向，以土地流转为手段，规模不断扩大，辐射周边村庄，现在总投资已达 500 万元，种植面积近 800 亩，花木品种 40 多个，经济效益非常可观。

桑家沟村位于鲁庄镇西南角，距离镇政府 4.7 千米、距离巩义市 32.5 千米，下辖 6 个村民组、658 户、2700 口人，耕地面积 2698 亩，其中水浇地面积 2300 亩(小型的桑家沟水库)，人均耕地接近 1 亩。桑家沟村工业基础薄弱，村民收入主要靠种植经济作物、养殖业以及外出务工为主。2011 年桑家沟村农民人均纯收入为 5904 元，在鲁庄镇属平均水平。桑家沟村的养殖业以养鸡、养鱼、养猪为主，但并未形成规模；经济作物种植曾是该村农民的增收主渠道，过去土豆种植与经济林种植较多，现在则以葡萄种植为主，葡萄种植规模和影响力不断扩大，不仅取得了经济效益，而且还带动了土地流转并提高了土地流转价格，当前桑家沟村的土地流转面积约为 300 亩，约占全村耕地面积的 11%。

2. 狼城岗镇瓦坡村和北堤村

狼城岗镇位于中牟县东北部，距离新县城约 33 千米，东南与古都开封接壤，西邻雁鸣湖，南临郑州新区官渡组团，地形特征是典型的黄淮海平原地区，地质属黄河淤积，平坦肥沃、水源丰富、基础设施齐全。辖区面积 132.2 平方千米，辖西狼城岗村、念子庄村、桑家沟村等 15 个行政村、100 个村民组，8202 户，38014 口人，耕地面积 51119 亩（其中家庭承包耕地面积 50556 亩），人均耕地 1.35 亩。狼城岗镇也属传统农业大镇，但曾经工业也比较发达，遍布黄河滩地的砖窑厂曾是该镇的主要财政收入来源和农民收入的主渠道，但砖窑厂被取缔后工业几乎瘫痪。2011 年完成地区生产总值 21.27 亿元，农业增加值为 2.78 亿元，比重超过 13%，粮食产量为 2.64 万吨，农民人均纯收入为 11207 元，均位居全县前列。根据镇农经站统计数据，截至 2012 年底，狼城岗镇耕地流转面积已达 5559 亩，约占家庭承包耕地面积的 11%。

瓦坡村位于狼城岗镇西北部，距离镇政府约 6.9 千米、距离中牟新县政府约 26.7 千米，南距郑开大道 5 千米、北距黄河堤 1 千米，南靠连霍高速公路。辖区总面积 6539 亩，设 9 个村民小组，共 623 户，人口 2723 人，耕地面积 3956 亩（农户家庭承包面积为 3200 亩），人均耕地约为 1.5 亩。瓦坡村种植粮食作物主要有小麦、玉米等，但农民增收主要靠水产养殖、特色蔬菜种植，该村曾有蔬菜种植的传统但之前并未形成规模，2006 年后在河南天邦农业公司的带动下，特色蔬菜种植逐渐成为瓦坡村的主导产业，再加上村里 167 户农民参与的绿园蔬菜种植专业合作社，特色蔬菜种植面积已达 1500 亩。根据镇农经站统计数据，2011 年瓦坡村农民人均纯收入达 13400 元，处于全镇前三名；截至 2012 年底，村里耕地流转规模已达 800 多亩，约占家庭承包耕地面积的 16.2%。

北堤村地处狼城岗镇政府西南 6.4 千米处，距离中牟县新县政府约 30.6 千米，南距郑开大道约 6 千米、北距黄河堤 0.6 千米，全村由北堤、撑堤两个自然村组成，下设 6 个村民小组，443 户，人口 2086 人。

北堤村总面积 5405 亩，其中，耕地面积 3818 亩，人均耕地约 1.8 亩。北堤是传统农业村，村民种地意识强，村民收入来源主要靠外出务工和种地。北堤村主要种植的粮食作物是小麦、玉米，经济作物则包括大蒜、花生、果树等，养殖主要是养鱼但规模不大。北堤村是市级贫困村，按官方统计数据，2011 年农民人均纯收入仅为 1280 元，根据调研得知，实际数据为 5000 元左右，压低的原因是为了享受国家的贫困补助。由于地理位置相对较偏且临近黄河大堤，再加上耕地零散不成大块，目前尚未发生规模性耕地流转，流转主要是农户之间零星的小面积流转，估计流转亩数不足百亩。

表 3-7 调研村的基本情况

项目	桑家沟村	念子庄村	瓦坡村	北堤村
调查户数	113	120	225	219
人均纯收入(元)	5269	7184	13687	5238
人均耕地(亩)	0.98	1.06	1.63	1.87

数据来源：样本村村干部访谈与农户调查。

3.1.3.3 问卷设计

为了获取真实的农户农地流转基本情况，采用了个人访谈与问卷调查相结合、以问卷调查为主的数据收集方法。问卷调查在选择样本村庄的基础上以农户为基本单位进行抽样调查，农户农地流转情况的调查内容主要涉及三个方面：(1)农户家庭基本特征：家庭成员组成、受教育水平、家庭就业结构与资产收入情况；(2)农户家庭土地经营情况：现有土地的类型及其比例、农业生产类型及产量、农业经营成本与收入状况；(3)农户土地流转基本情况：包括流转意愿、实际转入和转出的范围、途径、方式、价格、期限、用途，等等。

3.2 农户视角判定农地流转的程度

鉴于我国农村土地承包经营权流转的基本原则是以尊重农户流转意愿为前提，故我们重点考虑农户在存在流转意愿的情形下，实际流转行为与流转意愿之间的偏离。尽管现有文献已经指出，土地承包经营权的流转意愿高于实际流转行为已成为一种较为普遍的现象(钱文荣，2009)。例如，金青松、Klaus Deininger(2004)对贵州、湖南、云南三省农村土地流转市场发展状况的考察表明，农户意愿流转的交易量比实际交易量更大，9%~10%的生产者本来有参与土地租赁市场交易的意愿，但这种意愿在实际操作中却未能实现。同时，不仅土地流转供给方的农地转出意愿未得到充分实现，而且土地流转需求方的农地转入意愿也并未充分实现，张照新(2002)对河北、陕西、安徽、湖南、四川、浙江六省824户的调查表明：只有61.4%意愿转入土地农户实际达成了流转意愿；而意愿转出土地农户实现转出意愿的比例则仅为58.9%。但是，在进入分析之前，本书首先还是要根据农户调查数据来判定流转意愿未能充分实现的现象在调查所涉及的区域是否存在，即样本村农户农地流转意愿的实现程度如何。

3.2.1 判定思路与方法

我们从农户角度来设计判定方法，将农户参与农村土地承包经营权流转的意愿与实际发生的流转行为之间偏离做以下描述：

设 $Y=Y_1-Y_2$，其中，Y 表示农户意愿与实际行为的偏离，Y_1表示农户参与农村土地承包经营权流转的意愿，若农户愿意参与土地承包经营权流转，则 $Y_1=1$；否则，$Y_1=0$；Y_2表示农户实际的参与情况，若农户现实中参与了土地承包经营权流转，则 $Y_2=1$；否则 $Y_2=0$。

由此看来，Y 的取值可能为$(-1, 0, 1)$。若 $Y=-1$ 则表示农户的意愿是实际行为负偏离，即农户不愿意参加而现实中却参加了土地承包经营权流转。在以农户自愿原则为前提的土地流转过程中，这种状况理论上是不可能出现的。但是，当政府不顾农户意愿强行推动土地流转时，就会出现这种情况，而在本书的研究区域内并不存在这种情况①。若 $Y=1$，则表示农户的意愿是实际行为正偏离，即农户愿意参加而现实中却没有参加了土地承包经营权流转。这正是本书所要关注的状况。若的取值为“0”，则表示农户的意愿与实际行为一致。这又分为两种情况：一种是农户的意愿与现实中的行为一致均为参加了农村土地流转，此种情况下的偏离值为“0”，表示农户愿意并实现了土地承包经营权流转；另一种情况是农户意愿与现实行为一致均为未参加土地流转，此种情况下的偏离值也为“0”，表示农户不愿意参加土地流转而现实中也未参加土地流转。

令 $M_Y=(Y_1, Y_2)$ 表示 Y 对应的意愿 Y_1 与现实行为 Y_2 的组合(见表 3-8)。

表 3-8　　**流转意愿与现实的偏离情况列表**

限制项	比较项	$M_Y=(Y_1, Y_2)$	Y	Y 对应的含义
$Y_1=1$	$Y_2=1$	(1, 1)	0	愿意流转且实际流转
	$Y_2=0$	(1, 0)	1	愿意流转而实际未流转
$Y_1=0$	$Y_2=1$	(0, 1)	−1	不愿意流转而实际流转
	$Y_2=0$	(0, 0)	0	不愿意流转且实际未流转

在本书中，重点关注的是限制 $Y_1=1$ 下的情形。

---

① 通过对调查问卷的审查，本书不存在负偏离的情形，即不存在农户不愿意参加流转而现实中却参加了土地承包经营权流转的情形。因此，在描述农户参与土地流转意愿与实际流转情况分布时，本书采取了简单的表格形式，见表 3-8。

3.2.2 判定结果

本书采取抽样调查的形式对河南省郑州市、巩义市、中牟县四个村庄的677户农户的土地承包经营权流转意愿情况进行了调查。调查结果显示，331户农户表示不愿意转出或者转入土地，不愿意参与土地承包经营权流转的农户比重不足一半，为48.9%；愿意转入或转出土地承包经营权的农户数为346户，占样本总数的51.1%，略高于不愿意参与土地承包经营权流转的农户比重。

在询问农户土地流转意愿的同时，我们也对农户实际流转土地的情况进行了调查。从被调查农户的数据来看，如表3-9所示，在677户农户中，135户实际参与了土地承包经营权流转，农户参与土地流转的比例为20%，较愿意参加流转的农户(346户)减少了211户；542户未能实际参加与流转的农户，较不愿意参加流转的农户(331户)多了211户。由此可见，农户参与土地承包经营权流转的意愿在实际流转中并未充分实现，两者之间存在着差异。

表3-9 农户参与土地流转意愿与实际流转情况分布

	意愿		实际	
	愿意	不愿意	参加	未参加
样本频数(户)	346	331	135	542
比例(%)	51.1	48.9	20	80

数据来源：农户调查数据。

对于具有土地流转意愿和实际参与了土地流转的情况，进一步区分是转出意愿还是转入意愿，是实际转出还是实际转入。在346户愿意参与土地流转的农户中，88户农户表示愿意转出土地，258户表示愿意转入土地；而在135户实际参与土地承包经营权流转的农户中，56户属于转出土地，79 户属于转入土地。依据对两县市四个村庄 677 户农户的调查，对有流转意愿的农户进行统计如下：

表 3-10 **愿意参加土地流转农户的与实际流转情况的偏离**

	限制项	比较项	样本频数	比例(%)
转出	$Y_1=1$	$Y_2=1$	56	8.3
		$Y_2=0$	32	4.7
转入	$Y_1=1$	$Y_2=1$	79	11.7
		$Y_2=0$	179	26.4

注：表格中的比例指占样本总数(677 户)的比例。Y_1表示农户参与农村土地承包经营权流转的意愿，若农户愿意参与土地承包经营权流转，则 $Y_1=1$；否则 $Y_1=0$；Y_2表示农户实际的参与情况，若农户现实中参与了土地承包经营权流转，则 $Y_2=1$；否则 $Y_2=0$。

对比样本区域农户参与土地流转的意愿与实际发生情况(见表 3-10)，愿意将土地转出而现实中也实现转出的农户有 56 户，转出意愿与现实行为一致的农户占愿意转出土地农户的比例为 63.6%；愿意转入而现实中也实现土地转入的农户有 79 户，转入意愿与行为一致的农户比例占愿意转入土地农户的比例为 30.6%。由此来看，不论转入土地还是转出土地，农户愿意参与土地流转的意愿与实际发生的流转行为之间均存在偏差。与此同时，也不难得出与前人调查具有的一致性结论：愿意转出和愿意转入的户数均高于实际转出和转入的户数，即农户参与土地承包经营权流转的意愿未能充分实现。

3.3 理论分析框架

前文确认了农户在存在参与土地承包经营权流转意愿的前提下，农户流转意愿与实际的流转行为之间存在偏差的事实。然而，究竟是什么原因造成了农户参与土地承包经营权流转的意愿未能充分实现？要回答这个问题，首先要确定合适的分析视角。针对农户参与土地承包经营权流转的意愿未能充分实现的现象，本书的理论分析框架是——基于不同的市场环境分析农户农地流转的意愿与行为，首先分析市场分割下的农户农地流转行为，包括市场分割对农户农地流转的影响以及农户农地流转意愿对农地流转市场均衡的影响；进而分析打破市场分割形成统一市场对农户农地流转的影响以及政策因素对农地流转市场均衡的影响。

3.3.1 市场分割下的农户农地流转

3.3.1.1 市场分割对农户农地流转行为的影响

现有研究表明，农村土地承包经营权流转多发生在村庄内部。以村庄为界限往往构成一个个相对独立的土地承包经营权流转的小市场。因此，我们设想农户的土地流转意愿不能实现，或者说土地流转意愿和流转实际之间存在偏差，可能与目前这种特殊的流转市场格局有关。在一个个相互分割的封闭的小市场内，由于竞争机制、供求机制、价格机制的缺乏导致市场不完善，那么市场的不完善是否会形成较高的交易成本进而影响农户农地流转意愿的实现？

农村土地流转市场的发育水平是农村土地承包经营权能否进入市场以及在多大程度上进入市场的前提条件，它与农户参与土地流转的概率一般存在着正向关系。因此，农村土地流转市场完善与否将会对土地流转意愿的实现造成影响。当土地流转市场处于不完善的状态时，供给方和需求方之间往往会缺乏足够的信息沟通；流转租金由于缺乏与土地流转相关联的评估、代理、咨询、信息收集、发布等中介机构的引导而往往不合理不真实；流转的程序和主体也常常不规范，流转纠纷时常发生；同时，在不完善的土地流转市场中缺乏纠纷调节机构，又可能使矛盾愈演愈烈。

因此，当土地承包经营权流转市场处于分割状态而市场机制不完善时，搜索费用、谈判费用以及履约费用等交易成本会增加，交易成本的增加必然会减少土地流转的均衡量。原因来自两个方面：从土地流转供给方的角度来看，由于交易成本的增加，为实现特定的交易量，供给方必然提高流转租金水平，也会使得土地流转供给曲线向上移动；从土地流转需求方的角度来看，由于搜索费用，谈判费用以及履约费用等交易成本增加，为实现特定的交易量，需求方必然降低流转租金水平，也会使得土地流转需求曲线向下移动。在土地承包经营权流转市场，供给曲线向上移动或者需求曲线向下移动，必然使得土地流转市场交易量下降。

针对农村土地承包经营权流转市场处于市场分割与不完善的状态，本书初步认为由于土地流转市场的市场分割将会降低农村土地流转市场的均衡量。

3.3.1.2 农户流转意愿对流转市场均衡的影响

就农村土地流转市场而言，我们假定农村土地流转市场与其他市场无关，该市场的变化不影响其他市场，同样也不会受到来自其他市场变化的影响。一方面，在分割的土地流转市场中，转入农户代表对土地的需求，他们对转入土地有着自己愿意支付的租金；另一方面，转出农户则代表着对土地的供给，他们对转出土地有着愿意收取的租金。转入方和转出方用某种方式，寻求达成土地流转的交易的可能，由供给和需求双方的力量形成土地流转市场的均衡租金和均衡数量。

农村土地流转租金是流转市场供求状况的反映。从农户的视角来看，土地流转市场的均衡与供求双方意愿租金水平的高低密切相关，当供求双方的租金不一致，尤其是供给方所要求的租金水平高于需求方所能承受的租金水平时，土地流转很难实现。钱文荣(2004)给出了需求方转入农村土地所愿意支付的最高价格和供给方转出农村土地所要求得到的最低价格应该满足的条件：

$$p_d \geqslant p_s$$

P_d为转入农户所愿意支付的最高租金；P_s为转出农户所要求得到的最低租金。对一个农户而言，只有当转入农户愿意支付的价格大于或者等于转出农户愿意接受的价格，交易才能成功(钱文荣，2004)。

因此，为了改善农村土地承包经营权流转市场的均衡，找出决定转出农户和转入农户意愿租金的因素成为必然。农户转入或者转出土地的决策是基于利益最大化的考虑，因此流转租金水平的高低在于流转行为决策前后成本与收益的权衡。当土地转出农户在愿意将土地转出时，其放弃经营土地得到的收益应该弥补由此带来的损失；当土地转入农户方在愿意将土地转入时，土地经营者应该获得利润(钱文荣，2004)。这也从成本收益的角度对农户的流转行为决策提出了要求。

我们假定土地流转过程不存在交易费用，则对于转出农户所要求的最低租金应满足：$p_s = \mathrm{MU}_s - \mathrm{OC}_s$

P_s为转出农户所要求得到的最低租金；MU_s为转出农户转出农村土地前经营该土地得到的收益；OC_s为转出农户转出农村土地前经营该土地的机会成本。

对转出农户而言，我们认为转出土地前经营该土地得到的收益与愿意转出租金水平正相关；转出农村土地前经营该土地的机会成本与愿意转出租金水平负相关。

同样假定土地流转过程不存在交易费用，转入农户所愿意支付的最高租金应满足：

$$p_d = \mathrm{MU}_d - \mathrm{OC}_d$$

P_d为转入农户所愿意支付的最高租金；MU_d为转入农户转入农村土地后经营该土地得到的收益；OC_d为转入农户转入农村土地后经营该土地的成本。

对转入农户而言，我们认为转入土地得到的收益与愿意转入租金水平正相关；劳动力从事农业劳动的机会成本与愿意转入租金水平负相关。需要指出的是，愿意转入租金水平往往受到支付能力的限制。

3.3.2 市场统一下的农户农地流转

3.3.2.1 市场统一对农户农地流转行为的影响

基于自发形成的农村土地承包经营权流转行为多发生在村庄内部、以村庄为界限往往构成一个个相互分割的土地承包经营权流转小市场的现实，我们假定各个以村为单位的小市场属于完全竞争的土地流转市场，如果将各个以村域为单位的小市场通过市场整合或搭建一体化的平台形成统一市场，那么是否会有助于农户农地流转意愿的实现进而促进农地流转市场均衡量的增加呢?

在前人的研究中，不少学者从流转市场的角度指出，即便土地承包经营权流转市场处于完全竞争的状态，但是由于流转市场中供给不足、需求不足或者双向不足会使得流转意愿难以充分实现。由此来看，倘若将具有差异的流转市场进行整合，建立统一的流转市场平台，将会在一定程度上改变土地流转市场中供给不足、需求不足或者双向不足的情形。供给或者需求的增加，在某种程度上可能将会使得农户土地流转的交易行为更加充分，也会使得土地流转市场的均衡量有所提升。因此，本书初步认为统一的土地流转市场在资源配置上比分割性的市场更有效率，建立统一市场将会增加土地流转市场的均衡量。

3.3.2.2 政策因素对流转市场均衡量的影响

当统一的农村土地承包经营权流转市场一旦形成，在其他条件不变的情况下，土地流转市场的均衡会一直维持下去。但对农村土地承包经营权流转市场而言，当一些相关的政策性因素发生改变时，市场中的供给和需求曲线会随之发生改变，从而改变土地流转市场中的均衡量。

从目前农村土地承包经营权流转市场的现实来看，愿意转出土地的农户所要求的租金水平往往高于愿意转入土地的农户所愿意支付的租金水平。因此，从改善目前土地流转实际的角度来看，如果相关政策能够降低农户在愿意转出土地时所要求的租金水平或者提高农户在愿意转入土地时所能支付的租金水平，那么农户土地流转意愿的实现率将会得以提高。因此，本书初步认为，通过探求影响农户农地流转意愿租金的关键因素并对之实施政策干预有助于农户农地流转意愿的实现，即将增加土地流转市场的均衡量。

3.4 本章小结

本章首先依据典型性、差异性和可操作性等原则，选择郑州市作为研究区域，从地理区位、人口与城镇化水平、经济发展水平、耕地资源状况对拟调查的样本区域——郑州市下辖的巩义、中牟两个县级城市进行对比分析，基于区位交通条件和经济发展水平采取分层抽样方式确定四个样本村：巩义市的鲁庄镇念子庄村和桑家沟村、中牟县狼城岗镇瓦坡村和北堤村；通过村干部访谈获取样本村的基本情况，采取访谈与问卷调查相结合并以问卷调查为主的方法获取农户土地流转基本情况。问卷调查在选择样本村庄的基础上以农户为基本单位进行抽样调查，农户农地流转情况的调查内容主要涉及三个方面：农户家庭基本特征、农户家庭土地经营情况以及农户参与农地流转的意愿与行为。

鉴于我国农村土地承包经营权流转的基本原则是以尊重农户流转意愿为前提，针对农户农地流转意愿是否充分实现的问题，我们利用农户调查数据从农户角度来设计判定方法，即将农户参与农村土地承包经营权流转的意愿与实际发生的流转行为之间是否存在偏离进行描述并把相关数据汇入表格，结果表明：农户愿意参与土地流转的意愿与实际发生的流转行为之间存在明显偏差，愿意转出和愿意转入土地承包经营权的户数均高于实际转出和转入土地承包经营权的户数，即农户参与土地承包经营权流转的意愿未能充分实现。

针对农户参与土地承包经营权流转的意愿未能充分实现的现象，本书的理论分析框架是——基于不同的市场环境分析农户农地流转的意愿与行为：首先，分析市场分割下的农户农地流转行为，初步判断土地流转市场的市场分割将会降低农村土地流转市场的均衡量；其次，基于完全竞争市场假设分析打破市场分割形成统一市场对农户农地流转的影响，初步判断认为统一的土地流转市场在资源配置上比分割性的市场更有效率，建立统一市场将会增加土地流转市场的均衡量，而通过探求影响农户农地流转意愿租金的关键因素并对之实施政策干预将有助于农户农地流转意愿的实现，即将增加土地流转市场的均衡量。

第4章　市场分割下农户农地流转行为的交易特性

从目前我国农村土地承包经营权流转市场的实际来看，由于现行土地制度的特殊性，土地跨村流转一般需要村集体的同意。土地流转在尚未形成有效的区域性有形市场之前，自发形成的流转市场大多呈现为村与村之间相互隔离的单独市场。从现有研究来看，多数学者也指出了这样一个事实，即农村土地流转的交易多数发生在本村内。张照新(2002)对河北、陕西、安徽、湖南、四川、浙江六省1996—1998年的调研数据表明农户土地流转的范围主要以组内转让为主，村民小组内不同农户之间占70%以上，而乡内不同村之间的土地流转比例仅为5%。尽管各学者所选择的研究地区不同，但多数学者均认为无论是转出土地还是转入土地，行政村的边界将多数交易主体排除在外(林玉妹，2005；叶剑平，2006；陈小伍，2008)。尽管现有研究指出了土地流转具有较强的社区性的特征，但是基于这种特征考察其对土地流转实现的影响的研究并不多。虽然有学者从土地流转的这一特征出发指出了土地流转租金在分割市场下是具有非平滑性和断层性的地价曲线(王克强，2003)，但也未能继续从理论和实践方面进一步分析对土地流转实现的影响。

农户之间在土地边际收益上存在着显著的差异，这为给农户从事土地流转交易提供了盈利的机会。但是，现实中农户之间的土地流转活动实际并不活跃，这应该与农村土地流转的市场分割密不可分，因为市场分割往往会导致市场的供求机制、竞争机制、价格机制难以发挥有效作用，进而形成土地流转市场的不完善，故导致土地承包经营权流转市场交易不活跃的原因还应该与土地流转过程中由于市场不完善所带来的交易成本有关(宋敏，2004)。从我国目前农村土地流转的现实看，农村土地承包经营权流转市场处于起步和发展阶段，存在着诸多方面的不完善，如在供求双方的信息空间分布极为分散、传递平台或手段相对落后、市场参与度差、土地供求信息不能高效准确提供等方面。而完善的农村土地流转市场不仅可以使得流转信息传播渠道畅通、交易成本降低，而且也能够提供与土地流转相关联的评估、咨询、公证、仲裁等多种中介服务，这一系列功能都会促进土地流转的实现。因此，本章主要分析市场分割下农户农地流转行为的交易特性，即分析市场分割下市场机制的不健全不完善对农户农地流转行为的影响。

4.1 农村土地流转市场的供求曲线及其市场均衡

4.1.1 农村土地流转市场的供求曲线

依据相关法律法规，我国农村集体所有的土地在承包时依法由村集体经济组织或者村民委员会发包，如果要流转土地，同等条件下，本集体经济组织成员实际享有优先权。鉴于村集体在土地流转中的特殊地位，本书以行政边界作为划分依据，将每个村庄作为一个单独的土地流转市场。假定每个土地流转市场在性质上属于完全竞争市场，即每个土地流转市场符合以下假定：

假定1：假定每个村庄内的土地流转市场中存在大量的土地转出方和转入方；

假定2：假定在土地流转市场上，土地转出方的土地质量并无差异；

假定3：假定土地在转出方和转入方之间具有完全的流动性，即转出方和转入方能够随时实现土地使用决策变更；

假定4：假定土地转出方与土地转入方之间信息是完全对称的。

基于上述假定，对于某一土地流转市场中的供求模型可以表示如下：

$$Q_s = f(P,\ X_s)$$
$$Q_d = f(P,\ X_d)$$

其中，

Q_s代表土地流转市场中的供给量；

Q_d代表土地流转市场中的需求量；

P代表土地流转市场中的租金水平；

X_s为除租金外影响土地流转供给量的其他因素；

X_d为除租金外影响土地流转需求量的其他因素。

由于市场供求取决于影响个体供求的所有因素，土地流转市场中供给和需求的形成是市场参与主体——农户理性决策的结果。在现有关于农户个体决策研究的文献中，对租金之外影响个体供给和需求的其他因素进行了说明(陆松福，2005；钟林，2009)。除租金外影响个体供给的其他因素既包括收益性因素也包括成本性因素，收益性因素包括农产品价格及产量、其他就业渠道的工资及就业概率等，成本性因素包括耕作单位土地的所需的劳动时间及生产成本、交易成本等；除租金外影响土地流转需求量的因素包括农产品价格及产量、生产优势、单位土地的生产成本、交易成本等。

为了简化分析，本书假定土地流转市场中的供给与需求仅是租金的函数，并将函数形式假定为线性的，即

$$D(p) = a - bp$$
$$S(p) = c + dp$$

其中，系数$(a,\ b,\ c,\ d)$是决定线性函数截距与斜率的参数，$a>0$，$b>0$，$c>0$，$d>0$。

4.1.2 单个土地流转市场的均衡

均衡是经济学中基本的概念之一，均衡分析也是经济学最基本的分析工具之一。市场均衡通常被定义为在一定的外部条件下，市场供给力量与市场需求力量通过相互影响、相互作用所达到的一种相对稳定状态，在这种状态下供求双方都无意改变各自所处的状态。

现在考虑单独一个村庄形成土地流转市场后均衡量与均衡租金的决定。确定单个村庄土地流转市场均衡量的前提是要确定单个村庄内土地流转市场的供给曲线和需求曲线。对农村土地流转市场而言，供给曲线表示在一定时期内，在不同的租金水平下，愿意转出且能够转出土地的数量；需求曲线表示在一定时期内，在不同的租金水平下，愿意转入且能够转入土地的数量。考虑到调查是对农户流转意愿的询问，这里以意愿租金为纵坐标，愿意流转的农户数为横坐标描述和构建农村土地流转市场的供求曲线①。对于单个村庄而言，土地流转市场的供给曲线与需求曲线分别表示在一定时期内，在不同的意愿租金水平下村内愿意转出土地和愿意转入土地的农户数。对于农村土地流转的供给而言，可以通过计算不同意愿租金水平下愿意转出农户数向上累加频数并通过散点图的描绘拟合出供给函数；对于农村土地流转的需求而言，可以通过计算不同意愿租金水平下愿意转入农户数向下累加频数并通过散点图的描绘拟合出需求函数。在确定了土地流转市场的供求曲线之后，土地流转市场的均衡量便可以通过供求曲线的交点求出。

现在假定存在一个村庄 A，在村庄 *A* 内的土地流转意愿均在村庄内

---

① 基于政策推进等因素的影响，农户农地流转在时间上具有一定的一致性，农户农地流转规模也近似于正态分布且峰值较高，故以流转农户数替代流转农地的数量具有合理性。同时，由于农户间拥有的土地数量差别较大且实际流转土地数量也难以统计，加之意愿租金有别于实际流转的租金，故愿意转出和愿意转入的农户数相对于愿意转出或者转入的土地数量更具有现实意义，下同，不再赘述。

部实现，并且在假定村庄 A 符合前文所述假定 1~假定 4，属于完全竞争型的农村土地流转市场。我们对村庄 A 的土地流转市场作出描述，村庄 A 的土地流转市场中的需求曲线和供给曲线可以表示如下：

$$D(p_A)=a_1-b_1p$$

$$S(p_A)=c_1+d_1p$$

其中，系数(a_1, b_1, c_1, d_1)是决定村庄 A 需求曲线和供给曲线的截距和斜率的参数。在村庄 A 的土地流转市场中，来自供求双方的力量使得市场达到均衡。均衡通过以下方程求得：

$$D(p_A)=a_1-b_1p=c_1+d_1p=S(p_A)$$

村庄 A 的土地流转市场均衡租金为：

$$p_A^* = \frac{a_1 - c_1}{d_1 + b_1}$$

将均衡租金代入，得出土地流转市场的均衡量：

村庄 A 的土地流转市场均衡量为：$D(p_A^*) = a_1 - b_1p_A^* = \dfrac{a_1d_1 - b_1c_1}{b_1 + d_1}$

4.2 流转市场分割与否的判定

4.2.1 判定方法

尽管我国土地承包经营权流转市场处于市场分割状态基本是一个可以确认的事实，但基于研究的严谨性，仍需要依据农户调研数据对土地流转市场的市场分割与不完善的状态进行描述。在第一章绪论中我们把土地承包经营权市场的市场分割定义为由于农村土地的不可移动性、农户土地承包经营权的物权性质、农村社会文化传统等因素的影响，特别是国家相关法律法规对农户土地承包经营权流转条件的限制，造成农户土地承包经营权流转的发生在现实中大多局限于村庄内部，进而导致市场的供求、价格、竞争等机制不能充分发挥作用，形成农村土地承包经营权流转市场事实上的不完善，可以把市场分割直接理解为市场的不完善。基于此，我们判定土地流转市场分割与否的方法是，首先通过村干部访谈和农户调查数据来判定农户农地流转的区域范围是否主要局限于村庄内部，其次根据农户农地流转数据通过单一村庄内意愿均衡量与实际成交量的比较来判定流转市场是否处于不完善状态。具体步骤如下：

4.2.1.1　判定农户农地流转是否主要局限于村庄内部

我们在村干部访谈与调查问卷中专门设计了一个问题，即本村耕地流转范围：①本组或本村，占____%；②本乡镇，占____%；③本县其他乡镇，占____%；④本县市外，占____%。在农户土地流转基本情况表中也设计了一个相关问题，即您耕地转入或转出的范围是①本组；②本村外组；③本乡外村；④本县市外乡；⑤外县市。通过问卷调查结果可以大致判断农户农地流转是否主要局限于村庄内部。

4.2.1.2　把各个村庄内意愿租金下的均衡量与实际流转量进行对比

对于各个村庄我们均使用意愿租金和意愿流转农户户数描绘出村内流转市场的供给曲线和需求曲线，并计算所形成的土地流转市场均衡量。依据流转对象的不同，实际转出可能分为两种情况：将土地转给村内成员或者村外成员。实际转入也可能分为两种情况：从村内成员转入土地或者从村外成员转入土地。在此，针对各个村庄内具有土地流转意愿且实际中发生土地行为的农户，本书统计其实际流转的情况，并重点关注交易对象为村内成员的情况。对于各个村庄，通过意愿租金下的均衡量与实际流转量，便可判定流转市场是否完善。

综合步骤1和2，可以综合判定土地流转市场是否处于事实上的分割与不完善。

4.2.2 判定结果

通过村干部访谈和问卷调查结果以及实际发生农地流转行为的 135 户的耕地流转范围的问卷统计结果，我们发现，四个村村干部在谈到本村耕地流转范围时均明确表示几乎全部是本组或本村，比例为 95%～97%，本乡镇比例为 2%～5%，只有一个村干部提到有本乡镇之外的情况；而 135 户实际参与农地流转的农户中(56 户转出户和 79 户转入户)，选择本组和本村外组的农户为 130 户，比例高达 96.3%，选择本乡外村的有 3 户(经进一步询问得知相邻村庄的亲戚或熟人)，选择本县外乡的只有 2 户(经仔细询问得知是远方亲戚)。由此可以判定样本村的农地流转基本局限于村庄内部。

通过四个村庄内部意愿租金和意愿流转农户数形成的供求曲线，计算各个村庄内的均衡量，并与实际流转量一并列入于表 4-1 中。

为了更直观地反映数据之间的关系，将表 4-1 中由意愿租金拟合出的单个村庄处于完全竞争状态中的均衡租金和均衡量，与各个村庄实际转出户数、实际转入户数以及村内流转户数汇入图 4-1 中。

表 4-1　　**各村庄意愿租金下的均衡量与实际流转量的对比**

	均衡租金	均衡量	实际转出户数	实际转入户数	村内流转
桑家沟	417 元	6.34	7	19	6
念子庄	286 元	10.21	13	11	10
瓦坡	376 元	14.72	32	27	11
北堤	320 元	6.32	4	22	3

数据来源：农户调查数据。

从图 4-1 中来看，不同村庄的实际转入和实际转出的户数与流转意愿形成的完全竞争市场下的均衡量之间存在差异。从愿意转出和愿意转

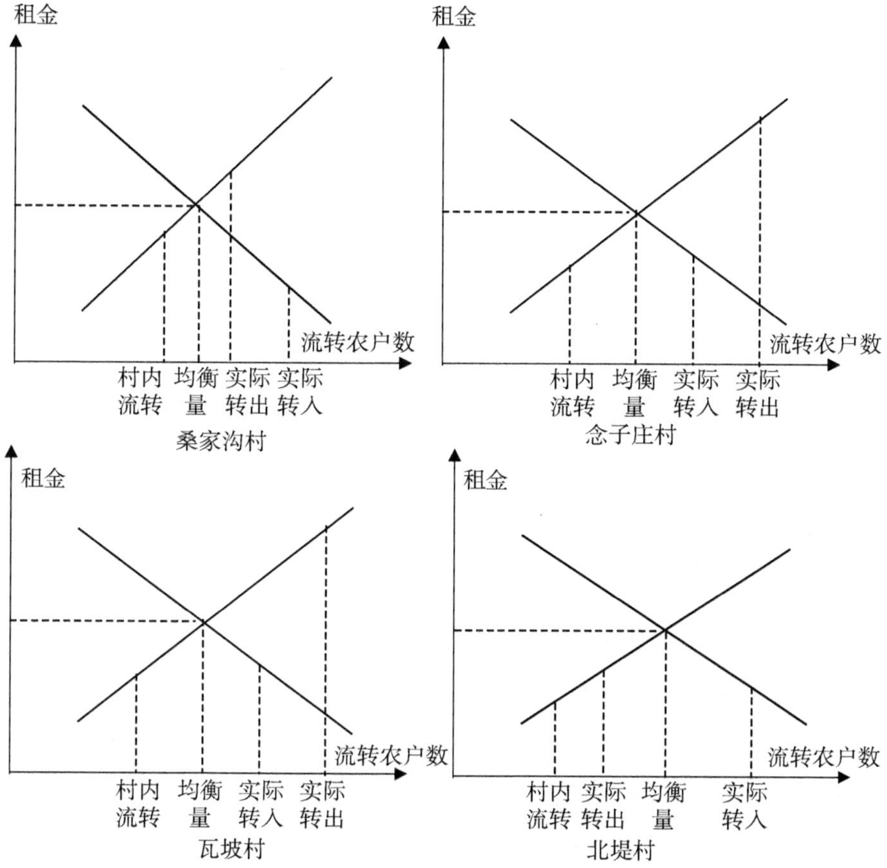

图 4-1　不同村庄内意愿租金下形成的均衡量与实际流转量对比

入的人数来看，桑家沟村、瓦坡村和北堤村属于土地流转供小于求的村庄；而念子庄村属于供大于求的村庄①。从表 4-1 和图 4-1 中不难发现对于供小于求的村庄，如桑家沟、瓦坡村和北堤村内土地流转意愿租金的均衡量小于实际转入量；对于供大于求的村庄，如念子庄村内土地流

① 对村庄供求大小的市场属性判断的依据来源于对比该村庄中的愿意转出和愿意转入人数，具体数据将在表 4-2 中列出。

转市场的意愿租金下的均衡量小于实际转出量①。

之所以会造成均衡量小于实际转出量或者实际转入量，可能是因为在实际的流转过程中流转不仅仅局限于村庄内部，由于村庄外部成员的进入改变了实际的土地流转情况。因此，对比均衡量和村内实际流转数量更具有现实意义。由表4-1来看，村内流转量均小于意愿租金下的均衡量，这在一定程度上证实了土地流转市场处于市场分割与市场不完善状态的事实。

4.3 分析思路与框架

4.3.1 分析思路

表4-1表明在不同村庄内，实际参与流转的农户数与流转意愿租金下所形成的均衡量之间存在差异。由于各个村庄内土地流转市场的均衡租金与均衡数量的得出是以农村土地流转市场属于完全竞争市场为假定前提的。但是不容忽视的，完全竞争市场只是一种理想的状态，现实中的农村土地承包经营权市场往往处于市场分割与不完善的状态。在土地流转过程中，愿意参与土地流转的农户由于土地流转市场的分割与不完善而面临较高的交易成本，而较高的交易成本往往致使农户即便存在流转意愿也不愿或无法实现现实交易。

土地流转市场的市场分割与不完善的表现是多方面的。市场分割导

---

① 之所以在土地流转供求态势不同的村庄，选择不同方的土地实际流转量与土地流转意愿租金形成的均衡量进行比较，原因在于在供小于求的村庄，较多的需求方意愿可能未得到满足，在供大于求的村庄，较多的供给方的意愿可能未得到满足。因此，对供小于求的村庄比较均衡量与实际转入量，对供大于求的村庄比较均衡量与实际转出量。在土地流转并不局限于村庄内部的情况下，由于村庄外部成员进入，改变了本村内的土地流转供给与需求情况。

致的各种市场不完善的表现可能同时会使得搜索费用、谈判费用以及履约费用等交易成本发生改变。尽管交易成本是反映农村土地流转市场分割与不完善对农户农地流转意愿实现产生影响的一个中间媒介，但由于现实研究中实际很难衡量具体交易成本的大小，定量地分析交易成本对农户土地流转意愿实现的影响也存在困难。因此，在下面的分析中，我们舍弃交易成本这一指标而直接依据农户土地流转发生的过程，从交易前流转对象的选择、交易中租金的判断、交易后合约的稳定等方面分析市场分割与不完善对农户土地流转意愿实现的影响。

4.3.2 分析框架

农村土地流转市场的市场分割与不完善造成意愿租金下的均衡量与实际流转农户数之间存在差异。那么农村土地承包经营权流转市场的市场分割与市场不完善是如何作用于农户土地流转的过程而致使差异产生的？下面我们主要从农户农地流转交易前、交易中以及交易后等的决策行为来解释市场分割与不完善是如何造成这一差异的。可能的原因在于以下几个方面：

原因 1：由于土地流转市场处于分割与不完善状态，土地流转多数局限于村内流转，流转范围的狭小，可选择对象少，造成交易实现的困难。

原因 2：由于土地流转市场处于分割与不完善状态，缺乏合理的价格评估机构，造成土地流转价格同质不同价，价格的混乱造成交易实现的困难。

原因 3：由于土地流转市场处于分割与不完善状态，交易不规范容易引发违约风险，同时相应的纠纷处理机构的缺乏，导致流转双方对交易实现的预期降低致使交易难以实现。

针对以上可能的原因，下面主要采取比较分析法进行分析和讨论。

4.4 分析结果及其讨论

4.4.1 市场分割对流转实现的影响——来自交易范围的解释

在土地流转的过程中，土地流转的对象选择具有"人格化"倾向。虽然村里有交换场所，但人们在交换商品时宁愿选择路程远的集镇。因为只有和陌生人交易，才能一次算清(费孝通，1998)。在乡村社会中，动产交易与不动产交易是在不同性质的市场中进行的，它们奉行不同的规则：动产交易具有"去人格化"倾向，即交易双方事先存在某种血缘或者地缘关系，交易中则有意无意的忽略这种关系；而不动产交易具有"人格化"倾向，即交易双方特意强化这种关系(赵晓力，1998)。对于农村土地流转而言，土地流转对象选择"人格化"倾向比较强烈，在转出土地时，多数人首先考虑转让给直系血亲，其次是邻居、同族人(曾祥明，2006)。已有研究表明：从空间范围看，农村土地流转市场的空间范围十分狭窄，90%以上的农村土地流转交易是在村庄内部完成的(洪名勇，2009)。

表4-2列出了四个被调查村庄愿意参与农村土地承包经营权流转的情况。从表4-2中的愿意转出户数和愿意转入户数来看，在四个村庄中，桑家沟村、瓦坡村和北堤村属于供小于求的村庄，念子庄村供给略大于需求。

表4-2 供求态势与交易对象可选择性

	流转态势	愿意转出户数	愿意转入户数
桑家沟村	供小于求	8	28
念子庄村	供大于求	28	22

续表

	流转态势	愿意转出户数	愿意转入户数
瓦坡村	供小于求	39	120
北堤村	供小于求	13	88

数据来源：作者农户调查数据。

对于供给小于需求的三个村庄，对比愿意转出户数和愿意转户人数，两者之间人数相差较大。桑家沟村有 28 户愿意转入土地而只有 8 户愿意转出土地；瓦坡村愿意转出土地的户数相对于其他村庄较多，但是相对于本村内愿意转入户数也是较少；北堤村愿意转入土地的户数有 88 户而愿意转出土地的户数只有 13 户。在愿意转入户数和愿意转出户数存在较大差异的情况下，如若农村土地承包经营权流转仅仅发生在村庄内部，需求方户数较多而供给方户数较少，这样供需求方选择的交易对象较少。因此，在这种情形下，由于土地流转市场的市场分割与流转交易平台的不完善，流转局限于村庄内部时，即便双方都有流转意愿，但也会因为交易对象的可选择空间小，交易对象不匹配而无法最终达成交易。

4.4.2 市场分割对流转实现的影响——来自交易价格的解释

在市场分割与不完善的土地流转市场中，由于信息不畅以及缺乏价格评估机构的合理引导，会致使农户对条件差异不大的土地所要求的租金存在较大差异。因此，当流转市场处于分割不完善状态时，流转租金往往会处于混乱和盲目的状态，这势必会对土地流转的实现产生影响。具体表现在以下几个方面：

4.4.2.1 土地的同质性与租金

土地的同质性即地块之间在面积、肥力、位置等方面是否存在差异，这些差异能否相互替代(钟甫宁、王兴稳，2010)。本书主要选取肥力作为反映土地同质性的指标，原因在于在我们调研中所选取的村庄行政面积并非很大，同一村庄内地块之间的区位差别并不大。如何反映土地的肥力？我们用每亩土地的投入产出比来计算。在一个村庄内，倘若计算出的每亩土地的投入产出比相近，我们就认为两块土地具有同质性。

计算土地肥力需要两方面的数据：每亩地投入的成本与获得的收益。我们在问卷调查时详细询问了农户每亩土地的生产成本(包括耕地、机播、灌溉、种子、化肥、农药等成本)以及每亩生产经营获得的收益状况。依据生产成本与收益的数据，计算出每亩土地的肥力，可以简单地判断两块土地是不是属于同质性地块。

在市场分割与不完善的土地流转市场中，同质性的地块可能形成不同的流转租金。下面以具体案例加以说明。

案例：张小二、郭小五、李三、王小七均是巩义市鲁庄镇桑家沟村民。四户农民的种植模式相似，一年种植两季作物，分别是玉米和土豆，他们单位面积的生产成本与收益相似，如表 4-3 所示。

表 4-3　　**农民单位土地的生产成本与收益**

作物名称	玉米	土豆
产量(斤)	1000	4000
毛收入(元)	1100	2400
成本(元)	耕地 100 机播 80 浇水 20 机收 110 种子 60 化肥 280 农药 60 其他 20	耕地 100 机播 90 浇水 50 机收 300 种子 150 化肥 800 农药 100 其他 80
合计	730	1620

数据来源：作者农户调查数据。

然而，四个农户的流转租金却不相同：您是否通过土地流转的方式转出了承包的耕地？如果是，那么您是以什么价格(多少斤粮食)将土地转出的？

他们的答案分别为(若给出实物的形式，则本书按照市价折算)：

张小二：300 元/亩；郭小五：640 元/亩；李三：200 元/亩；王小七：150 元/亩

从案例中可以看出，同质性的土地在流转过程中交易所形成的租金具有较大的差异，这四户农户对每亩土地所要求的租金低至 150 元，高达 640 元。这 4 户农户只是愿意参与流转农户的一个缩影，但由此可以看出，农户由于对土地价值缺乏合理的判断在租金要求方面存在较大的随意性。这在某种程度上与土地流转市场的完善程度有关。倘若存在能够提供与土地流转相关联的评估、咨询机构，引导农户对土地价值做出合理判断，同时使租金信息透明化、公开化，这种差异在一定程度上将会得以消除。

4.4.2.2 土地的规模与租金

在对 677 户农户的调查中，135 户已实际参与土地承包经营权流转的农户中，其中 56 户属于转出土地，79 户属于转入土地。表 4-4 列出了转出方与转入方流转面积的统计特征。在转出土地的农户中，家庭转出土地面积的最小值为 0.5 亩，最大值为 9 亩，平均转出面积为 1.98 亩；转入土地的农户，转入地块面积最小值为 0.5 亩，最大值为 80 亩，平均转入面积为 3.64 亩。

表 4-4　　**参与土地承包经营权流转的土地面积**

	最小值	最大值	平均值	标准差
转出	0.50	9.00	1.98	1.31
转入	0.50	80.00	3.64	9.12

数据来源：作者农户调查数据。

在已经参与土地承包经营权流转的农户中，土地承包经营权流转面积分布在 0. 5 亩至 80 亩之间，流转面积在 1 亩至 2 亩之间和 2 亩至 3 亩之间的农户居多。前者农户数量达 58 户，占土地承包经营权实际流转农户数的 43%，2 亩至 3 亩之间农户数量达 30 户，占土地承包经营权实际流转农户总数的 22. 2%。

如果转入方或者转出方参与流转的土地规模具有较大的差异，那么他们的流转租金水平可能存在较大的差异。但如果转入或者转出相同土地规模，那么流转租金情况又会如何呢？

由于流转规模分布比较零散，为便于说明问题，只给出流转面积为整数时各个村庄的租金分布范围。如表 4-5 所示，给出了流转面积在 1 亩、2 亩、3 亩时，各个村庄内形成的流转租金范围。可以看出，在每种流转规模上，每个村庄内的租金会出现一定范围的浮动（见表 4-5 中的字体加粗部分），而且在某些情形下，租金差别水平比较大。

表 4-5　　**各个村庄不同流转规模对应的租金范围**

	村庄	1 亩	2 亩	3 亩
转出	桑家沟	[**150，300**]	—	300
	念子庄	[**150，200**]	[**100，200**]	100
	瓦坡	—	—	—
	北堤	—	200	—
转入	桑家沟	[**0，200**]	[**0，250**]	[**180，200**]
	念子庄	—	[**150，200**]	200
	瓦坡	[**170，500**]	[**170，500**]	[**170，500**]
	北堤	200	[**0，400**]	100

注：1. 表中的数据为每亩土地的租金；2. —表示在不存在此种规模的流转。
数据来源：作者农户调查数据。

在一个村庄内部，考虑到土地质量在某种程度上具有相似性，如若在流通信息顺畅、对土地价值评估合理的情况下，转入或者转出相同规模的土地，每亩的土地流转租金不应出现较大范围的波动，而表 4-5 中的数据在某种程度上反映了土地流转市场处于市场分割与不完善带来的影响。

4.4.2.3 土地的用途与租金

《中华人民共和国农村土地承包法》第 33 条规定：土地承包经营权流转不得改变土地所有权的性质和土地的农业用途。关于农业有大农业和小农业之分，结合其他法律，土地承包法所指的农业用途是一种泛指用途，即涵盖农林牧渔等多种用途，但属于基本农田的耕地就是用于小农业种植，不能用于其他任何农业经营(房现敏，等，2008)。因此，基于法律对于非基本农田的耕地的农业用途并无强制性约束。本书对已经参与流转的土地，将流转前后土地的用途进行了归纳对比，汇总于表 4-6 中。

表 4-6　　**土地流转前后农地用途对比分析**

流转前土地用途			流转后土地用途		
用途	频数	比例(%)	用途	频数	比例(%)
谷物	115	85.2	谷物	54	40.0
蔬菜	12	8.9	蔬菜	70	51.9
果树	5	3.7	种藕	37	27.4
其他	3	2.2	其他	11	8.1
总计	135	100.0	总计	135	100.0

数据来源：作者农户调查数据。

通过表 4-6 的对比，不难发现，在流转前后土地用途存在两个明显的变化：一是小麦玉米的种植比重下降，在土地流转前约有 85.2% 的农户将土地用来种植小麦和玉米，而流转后种植小麦和玉米的农户比重仅为 40%，下降了一半多；二是蔬菜种植的比重有所提高，一方面，是种植土豆的农户的比重增加，也就是说农户在一个年度内的种植作物的组合由种植小麦和玉米转向了种植土豆和玉米；另一方面，是流转后的土地用于种藕。

为了说明问题，我们选取流转前土地用途为种植谷物、流转后土地用途种植蔬菜的农户为研究对象(原因在于流转前土地用来种植谷物的比重最高，流转后土地用来种植蔬菜的比重最高)。在被调查的农户中(不区分土地是转入还是转出)，有 61 户农户的土地属于土地流转前种植谷物，而流转后土地用来种植蔬菜。这 61 户农户在流转中所形成的租金分布可以使用频数图来表示，如图 4-2 所示。在土地流转前种植谷物，流转后用来种植蔬菜的 61 户农户中，尽管流转前后土地的用途具有相似性，但流转租金的分布具有很大的差异，租金从 0~500 元不等。

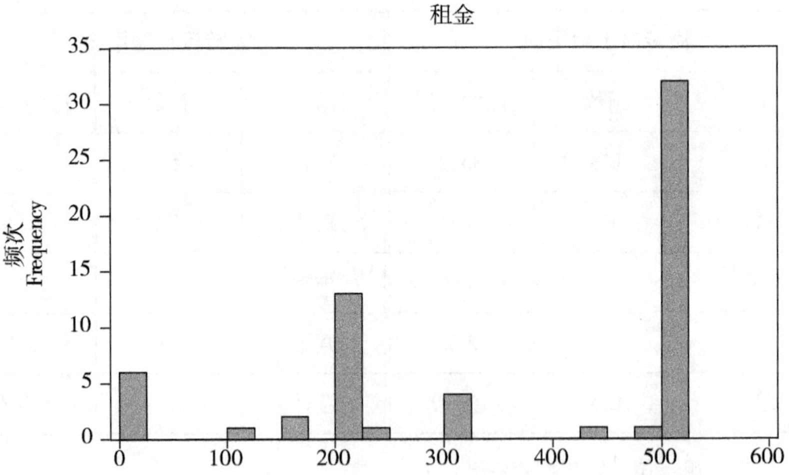

图 4-2 流转前种植谷物、流转后种植蔬菜的土地的租金分布

考虑到村庄因素的影响，本书细分了这61户农户的归属地，其中桑家沟村农户的租金在[150，300]之间分布，念子庄村农户的租金在[120，480]之间分布，瓦坡村农户绝大多数租金为500元，北堤村只有一户，租金为200元。从土地用途来看，瓦坡的租金分布较为集中，原因与该村集体的引导分不开。该村集体引导农户通过流转种植藕，形成了较为统一的规模，因而流转租金比较统一。而其他村庄的租金分布存在差异，尤其念子庄村差别较大，这是市场不完善同时又缺乏政府引导的必然结果。

4.4.3 市场分割对流转实现的影响——来自交易规范性的解释

土地流转的实现在某种意义上与这种交易的规范性有关。规范的交易有利于保证土地流转的稳定性。从我国目前土地流转的情况来看，由于流转市场的市场分割与不完善，多数土地流转属于自发的无序流转，交易带有较强的随意性，这在某种程度上降低了交易双方对交易实现的预期。

在土地流转市场分割与不完善的条件下，由于缺乏对土地流转规范性的引导，往往会使得土地流转中普遍存在着转入方违背合约改变土地状况的现象，同时也存在着转出方违约要回土地的情况。交易的规范性主要体现在两个方面：一方面，在于协议达成形式；另一方面，在对协议年限的规定。

在土地流转协议达成后，合约形式常采用口头协议与签订书面合同两种。从本书的农户调查数据来看，在135户实际参与土地承包经营权流转的农户中，使用口头协议与签订书面合同的农户数的农户数比例相差不大，分别为67户和68户，两者占总流转户数的比重分别为49.6%和50.4%。正式的书面合同有利于保证合约的稳定。在被调查地区，口头协议的高比例限制了这种有益性的发挥(见表4.7)。

表 4-7　　土地承包经营权流转合约形式

契约形式	户数	比例(%)
口头	67	49.6
书面合同	68	50.4

数据来源：作者农户调查数据。

在土地流转过程中，无论采取何种形式的合约，如若对流转年限没有明确的规定，便会造成合约具有很强的随意性。从流转期限来看，存在没有规定流转年限和明确规定流转年限两种情形。如表 4-8 所示，在被调查的 135 户实际参与土地流转的农户中，49 户属于没有明确规定流转年限的情况，约占流转人数的 36.3%，其余 86 户与对方明确规定了流转的期限，流转年限主要集中在两个区间 1～5 年和 16～20 年。由于在流转过程中没有设定流转期限，何时收回土地也就具有随意性。在被调查地区，未明确规定流转年限的存在，在一定程度上增加了撤销合约的随意性。

表 4-8　　土地承包经营权流转年限设定

	未设定年限	1～5 年	6～10 年	11～15 年	16～20 年
户数	49	33	9	19	25
比例(%)	36.3	24.4	6.7	14.1	18.5

数据来源：作者农户调查数据。

在土地流转市场处于市场分割与不完善的情况下，由于交易的不规范性，致使土地流转具有不稳定性和一定的风险性，这会降低流转双方对于流转实现的预期，在一定程度上也妨碍了土地流转意愿的实现。

4.5 本章小结

鉴于村集体在土地流转中的特殊地位，本书以行政边界作为划分依据，将每个村庄作为一个单独的土地流转市场，假定每个土地流转市场在性质上属于完全竞争市场。这里我们以意愿租金为纵坐标，愿意流转的农户数为横坐标来描述和构建农村土地流转市场的供求曲线，通过计算不同意愿租金水平下愿意转出农户数向上累加频数并通过散点图的描绘拟合出供给函数、计算不同意愿租金水平下愿意转入农户数向下累加频数并通过散点图的描绘拟合出需求函数，单个土地流转市场的均衡量便可以通过供求函数或者供求曲线的交点求出。

基于村干部访谈和农户调查数据得出农地流转基本局限于村庄内部，同时，村庄内部意愿租金下的均衡流转量与实际流转量之间也存在明显差异，可以判定土地流转市场处于市场分割和不完善状态，而市场分割与不完善的原因是土地流转市场并非完全竞争市场，高昂的交易成本阻碍了农户土地流转意愿的实现。由于土地流转的交易成本难以定量衡量，这里我们舍弃交易成本指标，利用农户调查数据，基于交易范围、交易价格、交易规范性视角分析市场分割与不完善对农户农地流转意愿实现的影响，结果表明：流转局限于村庄内部时，即便双方都有流转意愿，但也会因为交易对象的可选择空间小，交易对象不匹配而无法最终达成交易；价格形成机制的缺失和合理的价格评估机构的缺乏，造成土地流转同质不同价，价格的混乱造成交易实现的困难；交易不规范存在违约风险，同时缺乏相应的纠纷处理机构，流转双方对交易实现的预期降低致使交易难以实现。因此，由于土地流转市场的市场分割与不完善，制约农户土地承包经营权流转意愿转化为实际流转行为，导致土地流转只能在低水平下重复进行。

第5章　市场分割下农户农地流转行为及影响因素

前文基于简单的供给需求理论，从土地承包经营权流转市场的市场分割与不完善视角对现存的农户农地流转意愿实现不充分的事实进行了理论和实证分析，但市场分割和不完善仅仅是导致农地流转意愿未充分实现的外部环境。由于农户是农地流转决策的微观主体，是农村土地利用最基本、最直接的单元，在市场分割与不完善的基本条件下，农户农地流转选择行为的基本特点及其影响因素对其农地流转意愿的达成起到了至关重要的作用。

本章属于实证研究的范畴，通过问卷调查收集数据从而进行定量的研究。在问卷收集的数据基础上，结合研究主体进行描述性统计分析和计量分析。计量分析部分利用 Logistic 回归进行影响因素分析，通过对农户是否参与农地流转的影响因素进行分析，以确定农户是否进入农地流转市场的决策受到哪些因素的影响。数据处理用 Eviews6.0 统计软件，采用交叉分析并进行卡方检验，之后进行二元 Logistic 回归分析。

本章所用数据来源于 2012 年 7—8 月对河南省郑州市、巩义市念子庄村、桑家沟村和中牟县狼城岗镇瓦坡村和北堤村四个村进行的农户农地流转相关问题的实地访谈与问卷调查。实地调查中的抽样方法主要采取以户为单位分层抽样调查的方式，然后随机抽样决定最后的调查对象，再根据问卷进行访谈并填写问卷。调查采用一对一的方式，共获得有效农户样本 677 个。

5.1 样本基本特征

5.1.1 样本家庭特征

家庭人口。从调查样本看，家庭人口主要集中在3~6人，有580户，占总数的85.6%。人口在3人以下和6人以上的都不多，均不到10%(见表5-1)。

表5-1 **家庭人口数量统计表**

序号	家庭人口数量	频数	百分比(%)
1	1~2人	48	7.1
2	3~6人	580	85.6
3	7~12人	49	7.3
合计		677	100

数据来源：作者农户调查数据。

家庭劳动力。从调查样本看，家庭劳动力主要集中在2~4人，有603户，占总数的89.1%。劳动力在1人和5人以上的都不多，均不到6%(见表5-2)。

表5-2 **家庭劳动力数量统计表**

序号	家庭人口数量	频数	百分比(%)
1	1人	39	5.8
2	2~4人	603	89.1
3	5人以上	35	5.1
合计		677	100

数据来源：作者农户调查数据。

5.1.2 户主特征

年龄。从样本的户主年龄来看，主要集中在40~60岁，占比达62.9%。而40岁以下和60岁以上的都不多，分别占12.4%和25%(见表5-3)。

表5-3 **户主年龄统计表**

序号	户主年龄	频数	百分比(%)
1	20~40	84	12.4
2	40~60	425	62.9
3	60以上	168	25
合计		677	100

数据来源：作者农户调查数据。

文化程度。从样本的户主文化程度来看，小学及以下占了60%。而大专以上只占了2.1%(见表5-4)。

表5-4 **户主文化程度统计表**

序号	文化程度	频数	百分比(%)
1	文盲	66	9.8
2	小学	341	50.3
3	初中	151	22.3
4	高中	105	15.5
5	大专以上	14	2.1
合计		677	100

数据来源：作者农户调查数据。

户主务农收入。从表 5-5 可以看出，2/3 的农户务农收入在 3000 元以下。而 3001～6000 元的不到 15%（见表 5-5）。

表 5-5　**户主务农收入统计表**

户主务农收入（元）	频数	百分比（%）
0～3000	456	67.3
3001～6000	91	13.4
6001～9000	43	6.3
9001～12000	46	6.8
12001～15000	42	6.2
合计	677	100

数据来源：作者农户调查数据。

户主非农收入。有 33.7%的农户户主没有非农收入来源。户主非农收入在 10000 元以下的占 21.5%。1 万～3 万元的占 40%左右。3 万元以上的不到 10%（见表 5-6）。

表 5-6　**户主非农就业年收入统计表**

户主非农就业纯收入（元）	频数	百分比（%）
0	228	33.7
1～5000	66	9.7
5001～10000	80	11.8
10001～15000	62	9.2
15001～20000	90	13.2
20001～25000	27	4
25001～30000	65	9.7
30001～35000	5	0.7
35001～40000	18	2.6
40000 以上	36	5.4
合计	677	100

数据来源：作者农户调查数据。

5.2 农户土地流转行为

5.2.1 流转方向与频度

在郑州市四个村677户被调查农户中，331户农户表示不愿意转出或者转入土地，即不愿参与土地流转的农户比重不足一半，为48.9%。愿意参加土地承包经营权流转的农户为346户，占样本总数的51.1%，略高于不愿意参加土地流转的比重。346户愿意参与土地流转的农户中，88户农户表示愿意转出土地，258户表示愿意转入土地(见表5-7)；而只有135户实际参与了土地承包经营权流转，占346户意愿流转农户数的39%，占总样本农户数(677)的20%。135户实际参与流转的农户中，56户属于转出土地，占41.5%，占88户意愿转出农户数的63.6%；79户属于实际转入土地，占58.5%，占258户意愿转出农户的30.6%，具体如表5-8所示。

表5-7 农户意愿转出/转入情况统计表

农户意愿转出/转入农户数	频数	占样本总数百分比(%)
意愿转出土地农户数	88	13.1
意愿转入土地农户数	258	38.6
意愿同时转入转出农户数	0	0
不愿发生土地流转农户数	331	48.9
合计	677	100

数据来源：作者农户调查数据。

表 5-8　　农户实际转出/转入情况统计表

农户实际转出/转入农户数	频数	占实际流转农户数百分比(%)	占意愿流转农户数百分比(%)
实际转出土地农户数	56	41.5	63.6(56/88)
实际转入土地农户数	79	58.5	30.6(79/258)
同时转入、转出土地	0	0	0
合计	135	100	39.0(135/346)

数据来源：作者农户调查数据。

5.2.2 流转方式与价格

土地流转方式。统计结果表明，农户土地流转以委托代耕、转包、出租三种方式为主。在两地四村 135 个实际参与土地流转的农户调查数据中，有 128 户土地流转方式为委托代耕、转包、出租，占参与土地流转农户数的 94.4%，其中，出租是土地流转最主要的形式，涉及农户 80 户，占 135 户实际参与土地流转农户数的 59.1%(见表 5-9)。

表 5-9　　土地流转方式统计表

转出方式	频数	百分比(%)
委托代耕	11	8.0
转包	37	27.3
出租	80	59.1
转让	5	3.4
互换	1	1.1
入股	0	0
其他	1	1.1
合计	135	100

数据来源：作者农户调查数据。

土地流转价格。在调研地的四个村土地承包经营权价格基本在 0~800 元/亩/年之间，平均价格为 332 元/亩/年。发生流转的 135 个样本农户中，有 60 户土地流转价格在 400~600 元/亩/年，占参与流转土地农户数的 44.4%；有 35 户土地流转价格在 200~400 元/亩/年，占参与流转土地农户数的 25.9%(见表 5-10)。

表 5-10 土地承包经营权流转价格统计表

土地流转价格区间(元)	频数	百分比(%)
0~200	38	28.2
200~400	35	25.9
400~600	60	44.4
600~800	2	1.5
800 以上	0	0
合计	135	100

数据来源：作者农户调查数据。

5.2.3 流转期限与用途

土地流转的协议形式。从调查数据来看，在 135 户参与土地承包经营权流转的农户中，使用口头协议与签订书面合同的农户数比例相差不大，分别为 67 户和 68 户，两者占总流转户数的比重分别为 49.6%和 50.4%。正式的书面合同有利于保证合约的稳定。在被调查地区，口头协议的高比例限制了这种有益性的发挥(见表 5-11)。

表 5-11 **土地流转的协议形式统计表**

协议形式	频数	百分比(%)
书面协议	68	49.6
口头协议	67	50.4
合计	135	100

数据来源：作者农户调查数据。

土地流转期限。从流转期限来看，存在没有规定流转年限和明确规定流转年限两种情形(见表 5-12)。在被调查的 135 户参与土地流转的农户中，49 户属于没有明确规定流转年限的情况，约占流转农户数的 36.3%；其余 86 户与对方明确规定了流转期限，占比 63.7%，流转年限主要集中在两个区间 1~5 年和 16~20 年。

表 5-12 **土地承包经营权流转期限统计表**

预定年限(年)	频数	百分比(%)
未约定	49	36.3
1~5	33	24.4
6~10	9	6.7
11~15	19	14.1
16~20	25	18.5
合计	135	100

数据来源：作者农户调查数据。

土地流转后的经营内容。土地流转后“非粮化”的潜在趋势在四个村 135 个发生土地流转的样本农户中表现得非常明显，有 45 个流入农户经营非粮食作物，占参与转入土地农户数的 56.7%；有 34 个农户的土地转出后，转入者用其经营粮食作物，占转出土地农户数的 43.3%(见表 5-13)。

表 5-13 土地转入者经营内容统计表

经营内容	频数	百分比(%)
粮食作物	34	43.3
非粮食作物	45	56.7
合计	79	100

数据来源：作者农户调查数据。

5.2.4 流转规模及影响因素

5.2.4.1 流转规模

在实际参与土地承包经营权流转的农户中，土地承包经营权流转面积分布在1亩至80亩之间；其中流转面积在3亩至5亩之间和6亩至9亩之间的农户居多，前者农户数量达58户，占135户实际流转农户数的43.0%，6亩至9亩之间农户数量达43户，占135户实际流转农户数的31.9%；流转面积在3亩以下和10亩以上的农户数分别为23户和11户，分别占17.0%和8.1%，具体如表5-14所示。

表 5-14 农户实际流转土地面积统计表

流转面积(亩)	频数	百分比(%)
0~3	23	17.0
3~6	58	43.0
6~9	43	31.9
10亩以上	11	8.1
合计	135	100

数据来源：作者农户调查数据。

5.2.4.2 流转规模的影响因素

(1)模型设置。

基于前人研究成果，通过建立多元回归模型分析农户家庭禀赋、户主人力资本；农户家庭重要人员的人力资本、收入情况，土地资源情况等对农户土地流转数量的影响。模型表达式为：

$$Y = \alpha + \sum_{i=1}^{n} \beta_i H_{ij} + \sum_{i=1}^{n} \delta_i P_{ij} + \sum_{i=1}^{n} \varphi_i C_{ij} + u$$

其中，Y 表示流转面积，H 表示农户户主的人力资本，包括年龄、受教育程度、从事的职业情况，P 表示农户家庭重要成员的人力资本、收入情况，C 表示农户的土地情况，包括土地面积、质量等级等；α，β，δ，φ，u 表示常数项、回归系数与误差项。

(2)变量统计描述。

对进入模型的户主的人力资本，包括年龄、受教育程度、从事的职业情况，农户家庭重要成员的人力资本、收入情况，农户的土地情况，包括土地面积、质量等级等变量的问题答案对应值进行说明，对均值和标准差进行描述分析(见表 5-15)。

表 5-15 **模型变量描述表**

变量代号	变量名称	问题答案的对应值	均值	标准差
X_1	家庭人口	调查时家庭人口	4.908	4.197
X_2	劳动力	调查时家庭劳动力数量	2.779	1.088
X_3	户主年龄	调查时的实际年龄	52.726	10.258
X_4	户主文化程度	文盲=0；小学=6；初中=9；高中=9；中专=9；大专=12；大专以上=14	7.316	3.451

续表

变量代号	变量名称	问题答案的对应值	均值	标准差
X_5	户主是否从事了非农业	否=0；是=1	0.715	0.452
X_6	户主有无特殊技能	无=0；有=1	0.251	0.434
X_7	户主是否有特殊经历	否=0；是=1	0.290	0.454
X_8	户主是否有非农收入	否=0；是=1	0.673	0.470
X_9	户主非农收入是否稳定	否=0；是=1	0.554	0.498
X_{10}	户主是否有养老或者失业保险	否=0；是=1	0.395	0.489
X_{11}	家庭重要人员文化程度	文盲=0；小学=6；初中=9；高中=9；中专=9；大专=12；大专以上=14	6.828	4.036
X_{12}	家庭重要人员非农收入是否稳定	否=0；是=1	0.460	0.499
X_{13}	耕地面积	耕地实际面积	4.461	2.711
X_{14}	流转价格	元/亩/年	376.637	180.937
X_{15}	约定年限	合同上约定的年限	5.923	6.880

(3)模型计量结果。

模型调整后的 R Square 接近0.6，模型拟合度很好(见表5-16)。

表5-16 **模型概述**

R	R Square	Adjusted R Square	Std. Error of the Estimate
0.783(a)	0.612	0.571	1.29313

以流转的耕地面积为因变量，对农户户主的人力资本，包括年龄、受教育程度、从事的职业情况，家庭重要成员的人力资本、收入情况，家庭现有耕地面积及土地流转价格等进行回归，得到如表5-17所示的

结果：

表 5-17 **模型计量结果**

变量代号	变量名称	回归系数	Std. Error	Beta	t	Sig.
	常数项	2.543	1.292		1.969	0.051
X_1	家庭人口	0.210**	0.096	0.145	2.178	0.031
X_2	劳动力	−0.247**	0.133	−0.126	−1.864	0.064
X_3	户主年龄	0.002	0.013	0.008	0.140	0.889
X_4	户主文化程度	0.005	0.041	0.008	0.133	0.895
X_5	户主是否从事了非农业	−1.313**	0.587	−0.174	−2.239	0.027
X_6	户主有无特殊技能	0.080	0.228	0.019	0.349	0.728
X_7	户主是否有特殊经历	−0.285	0.251	−0.063	−1.138	0.257
X_8	户主是否有非农收入	1.188***	0.417	0.216	2.849	0.005
X_9	户主非农收入是否稳定	−0.053	0.328	−0.012	−0.162	0.871
X_{10}	户主是否有养老或者失业保险	−0.026	0.032	−0.046	−0.811	0.418
X_{11}	家庭重要人员文化程度	−0.930**	0.431	−0.194	−2.160	0.032
X_{12}	家庭重要人员非农收入是否稳定	−0.199	0.175	−0.113	−1.138	0.257
X_{13}	耕地面积	0.552***	0.053	0.797	10.340	0.000
X_{14}	流转价格	0.000	0.001	0.006	0.071	0.944
X_{15}	约定年限	0.002	0.015	0.007	0.115	0.909

注：***、**、* 分别表示回归系数的统计显著性为 1%、5%、10%水平下显著相关。

(4)计量结果分析。

家庭土地情况。从计量结果看，家庭耕地面积是影响土地流转规模最显著的因素之一。在1%的显著性水平上，增加一亩耕地，就有0.55亩流转出去。

家庭基本情况。根据回归系数，我们可以得到以下几点结论：家庭人口对土地流转面积的影响在5%的显著性水平上，家庭人口每增加一人，土地流转面积增加0.21亩。可能是人口越多，家庭土地面积越大，从而一旦发生土地流转，流转面积就越大。家庭劳动力越多，在10%的显著性水平上，土地流转面积就减低0.25亩。这与家庭人口的影响正好相反。从调研情况看，可能的解释是家庭劳动力多，如果留下劳动力务农，种植蔬菜的可能性也就越大，从而使得土地流转面积反而变小了。

户主职业情况。从户主的从业情况看，在5%的显著性水平上，户主若从事了非农业，其土地流转面积会降低1.313亩；而户主如果非农收入稳定且较高，则土地流转面积会增加1.19亩。这种看似矛盾的结论其实可以这样理解，在本地从事非农业，则会兼顾农业。而一旦非农收入稳定，则农户就会将土地流转出去，集中全部精力从事非农业。

家庭人员的影响。从计量结果看，在5%的显著性水平上，家庭重要人员(非户主)受教育年限每增加一年，家庭土地流转面积会降低0.93亩。可能的解释是，家庭人员受教育程度越高，其非农收入也相应增加，而让户主从事非农业，或者外出打工的可能性就越小，从而土地流转面积也越小。

没有影响的因素。从计量结果看，我们在调研之前认为对农户流转行为和土地流转面积有重要影响的户主人力资本情况、社会保险情况、流转期限等对土地流转面积几乎没有影响。

5.3 农户土地流转行为的影响因素

从实地调查来看，农户家庭的资源禀赋，包括人口数量，劳动力数量，土地面积的大小；农户家庭收入；农户户主人力资本和社会资本情况，都对其土地流转意愿和行为有重要影响。本章在总结以往文献的基础上，建立计量模型，分析农户家庭情况，土地状况，户主人力资本、社会资本以及家庭重要成员人力资本、收入情况对农户土地流转行为的影响。

5.3.1 模型设置

设 y 为农户行为变量，农户有流转行为时，$y=1$；农户无流转行为时，$y=0$。本书把 Z 看做农户家庭禀赋、土地流转价格，户主情况等的线性函数，有：

$$Z = \beta + \sum_{i=1}^{n} \alpha_i x_i + \mu_i$$

其中，u 为服从极值分布的随机变量，x_i 表示农户的第 i 项禀赋、人力资本、社会资本、土地情况等农地流转行为的影响因子。β 和 α 分别表示待估参数。

根据二项 Logistic Model 有：

$$prob(y = 1) \frac{\exp\left(\beta + \sum_{i=1}^{n} \alpha_i x_i\right)}{1 + \exp\left(\beta + \sum_{i=1}^{n} \alpha_i x_i\right)} = \frac{e^z}{1 + e^z} = E(y)$$

5.3.2 变量统计描述

在模型中，X_1、X_4 表示为农民家庭禀赋的重要因素。X_2、X_3 表示农户户主人力资本情况，X_5、X_6 表示家庭重要人员的人力资本情况，X_7 表示土地流转价格，X_8 表示农户 2011 年本地非农收入(见表 5-18)。

表 5-18 模型变量描述表

变量代号	变量名称	问题答案的对应值	均值	标准差
X_1	劳动力人数	调查时家庭劳动力数量	2.78	1.09
X_2	户主年龄	调查时的实际年龄	52.73	10.26
X_3	户主文化程度	文盲=0；小学=6；初中=9；高中=9；中专=9；大专=12；大专以上=14	7.32	3.45
X_4	家庭承包地总面积	调查时的承包地面积	5.18	3.30
X_5	家庭重要人员年龄	调查时的实际年龄	44.22	11.07
X_6	家庭重要人员文化程度	文盲=0；小学=6；初中=9；高中=9；中专=9；大专=12；大专以上=14	6.83	4.04
X_7	土地流转价格	元/亩/年	376.64	180.94
X_8	2011 年本地非农收入	实际收入	29498.13	48028

5.3.3 模型分析结果

从模型分析结果来看，拟合度并不是很理想，但仍可以接受(见表 5-19)。

表 5-19 模型拟合程度

-2 Log likelihood	Cox&Snell R Square	Nagelkerke R Square
76.040	0.217	0.366

以 y 为农户行为的因变量，有流转行为时，$y=1$；农户无流转行为时，$y=0$。对 X_1、X_4(表示为农民家庭禀赋的重要因素)，X_2、X_3(表示农户户主人力资本情况)，X_5、X_6(表示家庭重要人员的人力资本情况)，X_7(表示土地流转价格)，X_8(表示 2011 年本地非农收入)进行回归，得到以下结果(见表 5-20)：

表 5-20　**模型的回归结果**

变量代号	变量名称	回归系数	S. E.	Sig.
	常数项	−0. 855	2. 617	0. 744
X_1	劳动力人数	−0. 132	0. 214	0. 538
X_2	户主年龄	0. 025	0. 037	0. 493
X_3	户主文化程度	0. 090	0. 099	0. 366
X_4	家庭承包地总面积	−0. 044	0. 100	0. 662
X_5	家庭重要人员年龄	−0. 010	0. 040	0. 794
X_6	家庭重要人员文化程度	0. 124	0. 119	0. 298
X_7	土地流转价格	0. 009***	0. 003	0. 010
X_8	2011 年本地非农收入	0. 000	0. 000	0. 522

注：***、**、* 分别表示回归系数的统计显著性为 1%、5%、10%水平下显著相关。

5. 3. 4　计量结果分析

5. 3. 4. 1　土地流转价格

从模型计量结果来看，对农户土地流转行为有显著影响的只有土地流转价格。在1%的显著水平上，土地流转价格对农户土地流转的可能性影响显著。这也和我们问卷调查中对农户对相关问题的回答结果高度一致。调查结果显示，88个意愿转出农户中未实现土地转出意愿的共53户(35户实际转出土地)，在关于“您愿意转出而没有转出土地的原因”问题的回答中，53个有转出意愿但实际未转出土地的农户全部选择了“转出价格太低”的选项，其中45户把这一选项排在第一位，比例高达85%；而258个意愿转入农户中未实现土地转入意愿的共有179户(只有79户实际转入土地)，在关于“您愿意转入而没有转入土地的原因”问题的回答中，179户有转入意愿而实际未转入土地的农户中共有165个农户选择“转入价格太高”，比例高达92%，而其中150户把这一选项排在第一位，占全部179户农户的比例接近84%，占选择“转入价格太高农户”的165户农户的比例高达91%。因此，无论意愿转出农户还是意愿转入农户，其流转意愿实际未能实现的关键因素都是流转价格问题，意愿流转价格和实际流转价格的偏差严重影响了农户的实际流转行为。

5.3.4.2 农户家庭禀赋和其他因素

从我们问卷调查结果的实证分析角度看，农户家庭禀赋、户主情况、家庭重要人员情况以及本地非农收入等因素对农户土地流转行为在1%、5%和10%的水平下均没有显著影响。当然，这也可能和我们在构建模型时没有选择把转出农户和转入农户分开进行计量分析相关，根据文献综述部分的分析，影响农户农地转入意愿和农户转出意愿的因素具有明显差异，但缺乏对转入方农户和转出方农户共同影响因素的分析，故我们这里把转入方农户和转出方农户不加区分来探讨影响农户农地流转行为的共同影响因素，这样可以为政策的相关决策提供参考借鉴，研究结果可能更具现实意义。

5.4 本章小结

本章基于677户农户农地流转的访谈和问卷调查数据，在对样本农户的家庭特征和户主特征进行简单描述的基础上，主要针对135户实际发生农地流转行为的农户调查数据，从农地的流转方向与频度、流转方式与价格、流转期限与用途以及流转规模等四个方面分析总结市场分割下农户农地流转行为的基本特点，进而通过设定相关变量构建计量模型实证分析农户流转行为的主要影响因素。

135户实际参与农地流转的农户中，从流转方向与频度看，56户属于转出土地，占41.5%，占88户意愿转出农户的63.6%；79户属于实际转入土地，占58.5%，占258户意愿转入农户的30.6%；从流转方式与价格看，出租、转包与委托代耕是主要流转方式，三者比重高达94.4%，其中出租是最主要形式，比例接近60%，而流转价格基本在0~800元/亩/年之间，平均价格为332元/亩/年，其中，近45%的流转价格处于400~600元/亩/年；从流转协议方式、流转期限与用途看，采用口头协议与签订书面合同的农户数的非常接近，明确规定流转年限的比例为63.7%，流转年限主要集中在1—5年和16—20年两个区间，而土地流转后的“非粮化”的潜在趋势非常明显，56.7%的农户在流转入土地后经营非粮食作物，转入者经营粮食作物的农户数仅占43.3%。

农户农地流转规模介于1亩至80亩之间，其中3亩至5亩和6亩至9亩居多，分别占43.0%和31.9%，两个区间的比例和接近75%。从农户农地流转面积模型来看，家庭耕地面积和户主的非农就业收入在1%的水平上显著影响流转面积，家庭人口与劳动力数量、户主是否有非农就业及家庭成员的文化程度在5%的水平上显著影响流转面积，而户主的人力资本情况、流转期限、流转价格等因素对流转面积几乎没有影响。

流转价格是影响农户流转行为的最关键因素，而且只有流转价格通过了显著性检验，它在1%的显著水平上影响农户的农地流转决策；而农户家庭禀赋、户主情况以及本地非农收入等因素均未通过显著性检验。实证分析结果与我们的农户访谈与问卷调查结果高度一致，即无论意愿转出农户还是意愿转入农户，其流转意愿实际未能实现的关键因素都是流转价格问题，意愿流转价格和实际流转价格的偏差严重影响了农户的实际流转行为，进而制约农户农地流转意愿的实现，最终影响整个农地流转市场的发展水平。

第 6 章　市场分割下农户农地流转关键影响因素的决定

从第 5 章的实证分析结果看，市场分割条件下，流转价格是影响农户是否选择流转行为的最重要因素。依据经济学最基本的供求定理：流转价格是由农地流转供求双方共同决定的，如若任何一方的期望价格和实际价格存在偏离或者供求双方在期望价格上存在较大的差异或者很难匹配，将会导致双方的意愿难以达成一致，进而妨碍土地流转交易的形成。对于农村土地承包经营权流转市场而言，即使在统一市场中，土地流转市场是完善的，也可能因为转出农户与转入农户意愿租金的不一致而无法实现土地流转。由此可见，农村土地流转中流转价格的高低是决定农地流转供求双方流转意愿能否实现的共同关键因素。

本章将从农户土地流转的意愿租金价格①这一视角出发，以 346 户具有农村土地承包经营权流转意愿的农户为研究对象，即 88 户愿意将土地转出的农户和 258 户愿意转入土地的农户，通过模型构建与实证分析，甄别出影响农户土地承包经营权流转意愿租金的关键因素。研究的重点主要包括两个方面的内容：一是找出影响意愿转出农户意愿租金的关键因素；二是找出影响愿意转入农户意愿租金的关键因素，进而为完善农村土地承包经营权流转市场提供积极的参考，也可为下文通过改变

① 其中，按照实物形式进行报价的意愿租金水平已经按照 2011 年郑州市粮食收购价格进行折算，由于出租是最主要的流转方式，故这里用租金代替价格，下同。

关键影响因素来干预土地流转市场均衡的研究奠定基础。

6.1 意愿转出农户和意愿转入农户租金要求是否匹配的判定

如前所述，677 户样本农户中，331 户没有流转意愿，346 户具有流转意愿，其中 88 户愿意转出自己的承包土地，258 户愿意转入土地扩大经营规模。基于 346 户具有流转意愿农户的问卷调查结果，我们很容易可以识别出供求双方的意愿租金要求状况。愿意转出土地的 85 户农户对流转租金的要求并不相同，对最低租金的要求处于 120～800 元之间，即能够接受的最低租金的最小值为 120 元，最低租金的最大值为 800 元；对于愿意转入土地的 258 户农户而言，其对转入土地的最高租金期望也具有明显差异，能够接受的最高租金为 80～640 元，即能够接受的最高租金的最小值为 80 元，最大值为 640 元。四个村庄的农户意愿流转方向与意愿流转租金水平分布情况如表 6-1 所示。

表 6-1　　意愿租金在不同村庄的分布

	愿意转出租金					愿意转入租金				
	≤200	200～300	300～400	400～500	500+	≤200	200～300	300～400	400～500	500+
桑家沟	3	3	1	0	1	21	5	0	0	2
念子庄	9	2	7	1	9	12	4	5	1	0
瓦坡	2	1	5	30	1	38	60	17	5	0
北堤	1	6	4	1	1	45	38	5	0	0
合计	15	12	17	32	12	116	107	27	6	2

数据来源：作者问卷调查数据整理。如无特殊说明，本章中所有图表使用的数据均来自作者对问卷调查数据的整理，下不赘述。

依据表6-1给出的农户能够接受的意愿租金水平的区间分布情况，结合愿意转出土地和愿意转入土地的农户数，我们可以计算出相应的比例。从愿意转出土地的农户来看，88户愿意转出土地的农户在5个租金区间分布比例依次为：17.1%、13.6%、19.3%、36.4%、13.6%。由此可见，愿意转出土地的农户的租金水平相对集中在400~500元的水平区间内；从愿意转入土地的农户来看，258户愿意转入土地的农户在5个租金区间分布比例依次为：45.0%、41.5%、10.5%、2.3%、0.7%。由此可见，愿意转入土地的农户的租金主要集中在200元以下以及200~300元的区间。

对比愿意转出土地农户的意愿租金水平分布和愿意转入土地农户的意愿租金水平分布，我们发现两者的租金分布区间并不匹配，差距明显：愿意转出土地的农户相对集中的租金水平高于愿意转入土地农户相对集中的租金水平。

6.2 意愿转出农户流转租金的影响因素

6.2.1 经验假说与分析框架

依据前文对土地流转意愿转出农户意愿流转租金的影响因素的初步判断，假定土地流转过程不存在交易费用，转出农户所要求的最低租金应满足：

$$P_s = \mathrm{MU}_s - \mathrm{OC}_s$$

P_s为转出农户所要求得到的最低租金；MU_s为转出农户转出农村土地前经营该土地得到的收益；OC_s为转出农户转出农村土地前经营该土地的机会成本。

设定转出农户愿意转出土地的租金函数为：

$$P = f(X_1, X_2, X_3, X_4)$$

其中，

X_1反映了农户转出土地前经营该土地的收益；

X_2反映了农户转出农村土地前经营该土地的机会成本；

X_3反映了影响农户作出评价的因素；

X_4为区域因素。

6.2.1.1 农户转出土地前经营该土地的收益

基于农地投入产出的实际情况，本书认为农户在转出土地前的收益取决于三个方面：土地质量、土地用途以及本地兼业劳动力。

土地质量与意愿转出租金。根据马克思的级差地租理论，土地质量的优劣与土地的收益密切相关。对于土地质量较好的地块能够容易地实现较高的土地产出，在农产品价格一定的情形下，经营该土地获得的收益也会较高。因此，对土地质量较高的土地，农户倘若将其流转，农户所倾向的租金水平也会较高。在此，本书经初步判断认为土地质量与农户愿意转出的意愿租金可能存在正相关，即愿意转出土地的农户所拥有的土地质量越高，即每亩地获得的收益越高，转出农户愿意转出土地的租金水平就越高。

流转前土地用途与意愿转出租金。流转前土地用途与土地的收益存在关联。若土地流转前只种植粮食作物，农户获得的收益往往较低；而如果土地在流转前，除种植粮食外还用于其他农业经营，尤其是种植效益比较高的经济作物，农户获得的收益往往较高。由于土地用途的差异往往会产生土地收益的差异，这也会进一步影响农户愿意转出土地的租金水平。在此，我们初步判断认为，农户在流转前土地是否用于从事粮食以外的农业生产经营与农户愿意转出土地的租金水平存在关联。如若在流转前，土地用于除从事粮食外的其他农业经营，则这种类型的转出方愿意转出土地的租金水平会高于只用于种植粮食的转出方的租金水平。

本地兼业劳动力与意愿转出租金。本地兼业劳动力与土地的收益存在着关联。在农户家庭中存在兼业情况下，农户来自土地的收入得到提高(贺振华，2006)。原因在于，如果家庭中存在本地非农劳动力即本地兼业劳动力，由于离家比较近，则劳动力可以在就业地点与家庭住地之间经常往返，农闲时在本地从事非农就业，农忙时又比较容易地返回家中进行农业生产。

尽管有研究指出单纯从事农业劳动的劳动力状况资源对土地流转租金而言已不是主要的影响因素(陈美球，2008)，但是对于存在本地兼业劳动力的农户而言，在将土地转出时需要支付较高的租金才能实现其流转意愿。我们初步判断认为，农户家庭的本地兼业劳动力与农户愿意转出土地的租金水平存在正相关。农户家庭中本地兼业劳动力越多，农户愿意转出土地的租金水平越高，反之亦然。

6.2.1.2 农户转出土地前经营该土地的机会成本

农户在将土地转出前，经营该土地的机会成本取决于劳动力如果从事非农劳动获得收入的能力(包括在本地获取非农收入以及外出务工获取收入)。这种能力只能依靠替代性指标反映。本书认为，家庭中人均务工收入和户主从事非农经营的收入基本反映了农户经营该土地的机会成本。

人均务工收入与意愿转出租金。人均务工收入越高表明农户经营土地的机会成本越高。高昂的机会成本，会促使农户很轻易地放弃土地经营而将土地转出。因此，这类农户在将土地转出时，所要求的租金水平较低。在此，本书经初步判断认为人均务工收入与农户愿意转出土地的租金水平存在负相关，即农户家庭中人均务工收入越高，农户愿意转出土地的租金水平可能越低，反之亦然。

户主从事非农经营的收入与意愿转出租金。户主从事非农经营的收入越高，一方面，表明了户主具有较高从事非农经营的能力；另一方面，也表明了经营土地的机会成本较高。因此，这类农户在将土地转出时，所要求的租金水平也会较低。本书经初步判断认为，户主从事非农经营的收入与农户愿意转出土地的租金水平存在负相关，即户主从事非农经营的收入越高，农户愿意转出土地的租金水平要求就可能越低，反之亦然。

6.2.1.3 评价性因素

影响农户对转出土地作出评价的因素还与土地本身的一些属性以及农户的收入有关。土地本身的属性主要指土地资源对于家庭的重要性，这种重要性主要体现在两个方面：土地资源是否稀缺以及土地收入是否重要。

人均耕地与意愿转出租金。通常而言，人均耕地面积是对土地资源稀缺的程度反映。需要指出的是，人均耕地多的地方，往往是人少地多的偏远区域；而人均耕地面积少的地方，则一般是位于城乡结合部。一般来讲，城乡结合部的租金水平要高于偏远地区。在此，本书经初步判断认为，农户人均拥有的耕地面积与农户愿意转出土地的租金水平呈现负相关，即农户人均拥有的耕地面积越多，转出方愿意转出土地的租金水平越低。

土地收入的依赖性与意愿转出租金。土地收入的依赖性指土地收入在家庭收入中所占的比重。如果农户来自土地的收入在家庭收入中所占的比重较高，则表明土地资源对农户而言相对重要，若将土地转出，则所要求的租金水平自然较高。因此，本书认为土地收入的依赖性与农户愿意转出土地的租金水平呈现正相关，即土地收入在家庭收入中占的比重越高，转出方愿意转出土地的租金水平越高。

农户人均收入与意愿转出租金。农户人均收入是反映一个地区经济发展水平的重要指标。农户人均收入越高，基本可以表明当地经济发展水平较高。而经济发展到一定水平后，农户对土地的依赖程度一般会逐渐减弱，在愿意转出土地时能够接受的租金水平也较低。在此，本书认为农户人均收入与农户愿意转出的租金呈现负相关，即农户收入越高，农户在愿意转出土地时租金水平越低。

6.2.1.4 区域环境特征与意愿租金

土地流转的租金水平往往与农户个体之外的区域环境密切相关。本次调查的农户来自郑州市的巩义市和中牟县。由于涉及的四个村庄在区位、经济发展水平以及地缘亲缘文化的不同，本书以瓦坡村为参照，使用虚拟变量进行控制。

6.2.2 数据来源与描述性统计

在 2012 年 7—8 月对巩义市和中牟县四个村庄的调查中，有 88 户表示意愿将土地转出。本节将以这 88 户农户的调查数据为基础，对农户意愿转出土地时租金水平的影响因素进行定量分析。

6.2.2.1 意愿转出租金的统计特征

在被调查农户中，88 户意愿将土地转出，但是他们所能接受的流转租金水平存在差异，个别农户在租金水平为 120 元时便能接受转出，而另有农户在租金水平为 800 元时才同意将土地转出。农户将土地转出时所能接受租金水平为平均 421.59 元(见表 6-2)。

表 6-2 **农户意愿转出租金的统计特征**

变量	最小值	最大值	均值	标准差
租金	120	800	421.59	168.51

将 88 户农户愿意转出土地时的租金要求按照一定区间进行统计。如表 6-3 所示，在愿意转出土地的农户中，32 户农户的租金水平在 400~500 元之间，所占比例为 36%，而租金分布在其余区间的农户比例均在 20%以下。

表6-3 农户意愿转出土地的租金分布

	≤200	200~300	300~400	400~500	>500	合计
户数	15	12	17	32	12	88
比例(%)	16.9	13.5	19.1	36.0	13.6	100

6.2.2.2 意愿转出农户的特征描述

1. 意愿转出土地农户的地域分布

在被调查的4个村庄中，共有88户农户表示愿意将土地转出，在四个村庄的分布如表6-4所示：桑家沟村8户、念子庄村28户、瓦坡村39户、北堤村13户。

表6-4 意愿转出土地农户在各个村庄的分布

	桑家沟村	念子庄村	瓦坡村	北堤村	合计
户数	8	28	39	13	88
比例(%)	9.1	31.8	44.3	14.8	100

2. 户主性别

在意愿转出土地的农户户主中，女性户主为3户，近占愿意转出户数的5.7%；男性户主为83户，比例高达94.3%，男性户主占绝对优势(见表6-5)。

表6-5 意愿转出土地农户的户主结构

	男	女	合计
户数	83	5	88
比例(%)	94.3	5.7	100

3. 户主年龄

在意愿转出土地的农户中，户主年龄主要集中在 31~40 岁和 41~50 岁，这两个年龄阶段的户主数所占的比重高于其他年龄阶段，两个年龄阶段的农户户主总数占愿意转出土地农户数的比例为 61.3%。

表 6-6　　意愿转出土地的农户户主年龄分布

	≤24	25~30	31~40	41~50	51~60	>60	合计
户主数	1	1	23	31	15	17	88
比例(%)	1.1	1.1	26.1	35.2	17.0	19.3	100

4. 家庭人口与劳动力

在意愿转出土地的农户中，家庭人口规模从 1 人到 7 人不等，其中，家庭人口规模在 3 人、4 人和 5 人的农户数较多，分别为 19 户、33 户和 21 户，三者占意愿转出土地农户数的比例依次为 21.6%、37.5%和 23.9%(见表 6-7)。

表 6-7　　意愿转出土地的农户家庭人口规模统计

	1	2	3	4	5	6	7	合计
户数	2	8	19	33	21	3	2	88
比例(%)	2.3	9.0	21.6	37.5	23.9	3.4	2.3	100

从家庭劳动力数量①来看，如表 6-8 所示，农户家中劳动力人数为 2 人、3 人和 4 人的比例较高，其中，35 户农户家庭劳动力人口为 2 人，20 户家庭劳动力人口为 3 人，15 户农户家庭劳动力人口为 4 人。

① 本书对家庭劳动力人数的统计，只要是从事农业体力劳动的人都作为了家庭劳动力，而不同局限于我国规定的劳动适龄人口的统计(我国一般规定将男子处于 16~60 岁期间、女子处于 16~55 岁期间的人口称为劳动适龄人口)，下不赘述。

表6-8 意愿转出土地的农户家庭劳动力统计

	0	1	2	3	4	5	6	合计
户数	4	7	35	20	15	5	2	88
比例(%)	4.5	8.0	39.8	22.7	17.0	5.7	2.3	100

从劳动力的就业方式来看，在被调查的农户中，劳动力可能选择完全从事农业生产劳动，也有可能外出务工，还有可能是选择一边在本地从事非农劳动一边照顾家庭农业生产地的兼业经营。本书重点统计家庭中是否存在外出务工的劳动力以及家庭中是否存在本地从事非农劳动的劳动力。

如表6-9所示，在88户意愿转出土地的农户中，50户农户家庭存在劳动力外出务工的现象，所占比例为56.8%；36户农户家中存在劳动力在本地从事非农劳动，所占比例为40.9%。需要指出的是，在这88户农户中有14户农户属于纯农户，即农户家庭中既无外出务工的劳动力也无在当地从事非农劳动的劳动力。

表6-9 意愿转出土地的农户就业方式统计

		是	否	合计
是否存在劳动力外出务工	户数	50	38	88
	比例(%)	56.8	43.2	100
是否存在劳动力在本地从事非农劳动	户数	36	52	88
	比例(%)	40.9	59.1	100

5. 农户家庭耕地面积

在88户意愿转出土地的农户中，如表6-10所示，农户所拥有的土地规模主要集中在1~5亩和5~10亩之间，前者有30户，后者有34户，两者共占意愿转出土地农户数的比例为85.5%。

表 6-10　　意愿转出土地的农户家庭拥有的土地面积

	1~5	5~10	10~15	>15	合计
户数	42	34	11	1	88
比例(%)	47.3	38.2	12.4	1.1	100

6. 家庭土地用途

如表 6-11 所示，在意愿将土地转出的农户中，17 户家庭的土地中存在将土地用于种植粮食以外的农业生产经营活动；而约占 80.7%的农户家庭的土地仅仅用来种植粮食作物，并未将土地用于除此之外的其他用途。

表 6-11　　意愿转出土地的农户土地用途

	是	否	合计
户数	17	71	88
比例(%)	19.3	80.7	100

注：是代表农户家庭的土地用于种植粮食以外的其他农业生产经营；否代表农户家庭的土地并未用于种植粮食以外的其他农业生产经营，仅仅用来种植粮食作物。

7. 家庭收入

如表 6-12 所示，88 户意愿转出土地的农户中，农户家庭收入最低为 800 元，最高为 85200 元，家庭收入平均水平为 20297.7 元；土地收入最低为 0 元，表明土地处于闲置状态，土地收入最高为 70200 元，土地平均收入为 9242.08 元。

表6-12 **意愿转出土地的农户收入** 单位：元

	最小值	最大值	平均值
家庭收入	800	85200	20297.7
土地收入	0	70200	9242.08

注：0元表示家庭中不存在这项收入来源，土地抛荒闲置。

6.2.3 模型设定

6.2.3.1 基本模型

本书采用多元线性回归，考察各因素对意愿转出租金的影响，模型形式如下：

$$wrent_{out}=\alpha+\beta \cdot X+\xi$$

$wrent_{out}$是被解释变量，属于连续变量，表示农户意愿将土地转出时所能接受的最低租金水平。

X是影响农户意愿转出租金的因素；

α为常数项；

β为回归系数；

ξ表示随机误差项。

6.2.3.2 变量与说明

本书将可能影响农户意愿转出的租金因素归为四类，它们分别从流转前经营土地的收益、流转前经营土地的成本、评价性因素以及农户所处环境特征四个层面度量对农户意愿转出租金的影响。对计量模型中所选取的变量说明如下：

在流转前经营土地的收益方面，反映土地流转前用途的变量同样使用虚拟变量的形式，以流转前土地仅用来种植粮食作物的农户为参照组；反映土地质量的变量为有序变量，分为好、中、差三个等级。本书用本地参与非农经营劳动力数量作为本地兼业劳动力的替代指标，使用连续型变量。

在流转前经营土地的机会成本方面，人均务工收入和户主从事非农经营的收入使用连续型变量。

在评价性因素方面，人均耕地是家庭拥有的土地面积与人口数之比，为连续型变量；土地收入依赖性是土地收入占家庭收入的比重，同样是连续型变量；人均收入为家庭总收入除以家庭人口，也是连续型变量。

农户所处的环境特征即区域特征变量，本书使用虚拟变量进行控制，在四个村庄以瓦坡村为参照组。具体变量选择及含义参见表6-13：

表6-13 **变量选择及说明**

变量分类	变量名称	变量名代码	解释
被解释变量	愿意转出租金	$wrent_{out}$	愿意转出土地时的租金
解释变量			
流转前土地收益	土地用途	usage	usage = 1 or 0 表示土地是否用于种粮外的其他农业经营
	土地质量	landq	依据产量划分为好、中、差三个等级
	本地兼业劳动力	localparttime	本地非农劳动力的数量
流转前土地经营的机会成本	人均务工收入	perwage	外出务工人员的平均收入
	户主非农经营能力	capacity	户主从事非农劳动的收入
评价性因素	人均耕地	perland	土地面积除以家庭人口
	土地收入依赖性	importance	土地收入占家庭收入的比重
	人均收入	perincome	家庭收入除以家庭人口
区域因素	地区虚拟变量	虚拟变量 $D_i(i=1, 2, 3)$	$D_1=1$ or 0：是否为桑家沟村 $D_2=1$ or 0：是否为念子庄村 $D_3=1$ or 0：是否为北堤村

6.2.4 模型估计结果及分析

6.2.4.1 回归结果

本书以农户意愿将土地流转出去时的租金水平为因变量，参照实证模型，以所引进的四个层面的变量为自变量，建立回归模型。利用Eviews6.0软件，得到回归结果，如表6-14所示。

表6-14 **愿意转出租金的影响因素模型**

	变量	系数	|T|
流转前的收益	usage	88.1617*	1.84
	landq	25.0456	0.77
	localparttime	75.6339***	2.69
机会成本	perwage	-0.0047	0.90
	capacity	-0.0101**	2.12
评价因素	perland	-34.6082	1.09
	importance	15.5057	0.19
	perincome	-0.0110	1.13
地区虚拟变量	D_1	-186.3767*	1.95
	D_2	-40.0441	0.54
	D_3	-96.1200	1.45
常数	constant	407.3339***	3.71
Number of Observations		88	
R-squared		0.23	
F		2.07	
Prob>*F*		0.0328	

注：***、**、*分别表示在1%、5%和10%的显著性水平上显著。

6.2.4.2 回归结果分析

从表 6-14 的模型回归结果来看，$F=2.07$（$Prob>F$ 的值为 0.0328），回归方程整体显著性较好。

在流转前经营土地的收益与意愿转出的租金关系方面，从流转前土地用途来看，是否将土地用于种植粮食之外的用途在租金水平上存在差异，家庭中的土地如果用于除种植粮食之外的其他农业生产的用途，这类农户所要求的流转租金要比土地仅用来种植粮食的农户的租金水平高，前者的租金水平平均要比后者高 88.16 元。

反映土地质量的指标未通过显著性检验，但在方向上与本书的预想一致，土地的质量越高在将土地转出时所要的租金水平越高。

农户家庭中本地非农就业的劳动力数量与意愿转出的租金水平在 0.01 的显著水平下存在相关。与预想一样，农户家庭中本地兼业劳动力越多，农户在将土地转出时所要求的意愿租金越高。家庭中每减少 1 个本地非农劳动力，农户所要求的租金水平就会降低 75.63 元。

在流转前经营土地的机会成本与意愿转出的租金关系方面，人均务工收入对愿意转出土地的租金影响未通过显著性检验，但在方向上与本书的预想一致，人均务工收入越高在将土地转出时所要的租金水平越低。

户主从事非农经营获得的收入与意愿转出的租金水平在 0.05 的显著水平下存在相关。与预想一样，户主从事非农经营获得的收入越多，农户在将土地转出时所要求的租金水平越低。户主从事非农经营获得的收入每增加 100 元，农户所要求的租金水平就会降低 1 元。

在评价性因素方面，从人均耕地面积、土地收入依赖性、人均收入的系数前的符号来看，与本书的设想一致，人均耕地面积、人均收入与意愿转出土地的租金存在负相关，土地收入依赖性与愿意转出土地的租金存在正相关。但这三个变量未通过显著性检验。

从反映农户所处环境的虚拟变量来看，本书以瓦坡村为参照，D_1，

D_2，D_3分别代表桑家沟村、念子庄村以及北堤村。回归系数显示，念子庄村、北堤村与瓦坡村愿意转出的租金水平差异并不显著。而在10%的显著水平下，桑家沟的租金水平与瓦坡村的租金水平存在差异，在其他因素既定的情况下，桑家沟村的租金水平要比瓦坡村的租金水平低 186. 38 元。

6. 3　意愿转入农户意愿租金的影响因素

6. 3. 1　经验假说与分析框架

对于需求土地的农户而言，农户转入土地的目的一般为了实现家庭劳动力的充分就业，提高家庭收入水平。农户是否转入土地的决策取决于其对流入土地后所能带来的总收益以及为此付出的成本。当土地流转需求农户在愿意将土地转入时，土地经营者应该获得利润（钱文荣，2004）。

这里我们假定土地流转过程不存在交易费用，需求方所愿意支付的最高租金应满足：

$$P_d = \mathrm{MU}_d - \mathrm{OC}_d$$

P_d为转入农户所愿意支付的最高租金；MU_d为转入农户转入农村土地后经营该土地得到的收益；OC_d为转入农户转入农村土地后经营该土地的成本。

依据对转入方愿意转入租金影响因素的初步判断，设定转入方愿意转入土地的租金函数为：

$$P = f(X_1,\ X_2,\ X_3,\ X_4)$$

其中，

X_1反映了农户经营该土地获得的收益；

X_2反映了农户经营该土地的机会成本；

X_3反映了影响农户作出评价的因素；

X_4为区域因素。

6.3.1.1 农户经营该土地的收益

农户在转入土地后获取的收益取决于两个方面：对现有土地的经营情况以及家庭劳动力的情况。

现有土地经营情况与意愿转入租金。农户对现有土地的经营情况反映了农户对土地的经营能力，也直接决定了农户对转入土地进行经营获得收益的高低。农户对现有土地经营较好，在转入土地后往往也能够获得较高的收益，所以这类农户对转入土地愿意支付较高的租金。本书使用每亩土地的净收入反映对现有土地的经营情况。在此，本书经初步判断认为愿意转入土地的农户每亩土地的净收入与愿意转入土地的租金呈正相关，即每亩地的净收入越高，转入方愿意转入土地的租金水平越高。

劳动力资源与意愿转入租金。在劳动力资源禀赋方面，拥有较多劳动力的家庭在转入土地后，能够对土地进行较高的劳动投入，从而获得较高的土地收入。因此，当家庭中拥有较多的农业劳动力时，农户愿意为转入的土地支付较高的流转租金。在此，本书经初步判断认为农户家庭中的劳动力数量与农户愿意转入土地的租金水平呈现正相关，即家庭中劳动力越多，转入方愿意转入土地的租金水平越高。

6.3.1.2 农户经营该土地的机会成本

农户在将土地转入后，经营该土地的机会成本与劳动力从事非农劳动的情况有关。具体而言，这种机会成本取决于农户家中目前从事非农经营的劳动力数量以及从事非农经营获得的收入。

目前从事非农经营的劳动力与意愿转入租金。在农户家庭中，从事非农经营的劳动力由于非农经营的不稳定等原因希望通过转入土地从事农业经营。因此，目前从事非农经营的劳动力数量反映了农户在转入土地后经营该土地的机会成本，目前从事非农经营的劳动力数量越多表明农户转入土地的机会成本越高，农户对愿意转入土地支付的租金便越低。在此，本书经初步判断认为农户家庭中目前从事非农经营的劳动力数量与农户愿意转入土地的租金水平呈现负相关，即家庭中从事非农经营的劳动力越多，转入方愿意转入土地的租金水平越低。

目前从事非农经营的收入与意愿转入租金。目前，农户从事非农经营的收入越高表明农户放弃非农经营转而经营土地的机会成本越高。因此，这类农户在将土地转入时所要求的租金水平较低。在此，本书经初步判断认为目前从事非农经营的收入与农户愿意转入土地的租金水平存在负相关，即目前农户家庭中从事非农经营的收入越高，农户愿意转入土地的租金水平越低，反之亦然。

6.3.1.3 评价性因素

影响农户作出评价的因素主要来自家庭对土地收入的依赖性与农户对转入土地的支付能力。

土地收入的依赖性与意愿转入租金。土地收入的依赖性指土地收入在家庭收入中所占的比重，如果土地收入在家庭收入中所占的比重较高，则表明土地资源对此农户相对重要，农户对土地的需求强烈；如果转入土地，则所支付的租金水平也较高。在此，本书经初步判断认为土地收入的依赖性与农户意愿转入土地的租金水平呈现正相关，即土地收入在家庭收入中占的比重越高，转入方意愿转入土地的租金水平越高。

支付能力与意愿转入租金。当农户愿意转入土地时，对转入土地租金是以农户家庭的支付能力为前提。如何衡量农户对愿意转入土地的支付能力？本书以人均收入的多少作为农户支付能力高低的判断依据。对于年人均收入较高的农户，转入土地的租金相对于他们的收入所占比重较低。因此，他们愿意也有能力支付较高的租金来转入土地；反之，年人均收入较低的农户，他们愿意转入土地时，支付的租金水平较低。本书经初步判断认为年人均收入与农户愿意转入土地的租金呈正相关，即年人均收入较高的农户，对愿意转入的土地支付的租金水平较高，反之亦然。

6.3.1.4　区域环境特征与意愿租金

土地流转的租金水平往往与农户个体之外的区域环境密切相关。本次调查的地区的农户来自郑州市、巩义市和中牟县。由于这四个村庄在亲缘地缘文化以及区位及经济发展水平方面的不同，本书以瓦坡村为参照，使用虚拟变量进行控制。

6.3.2　数据来源与描述性统计分析

在 2012 年 7—8 月份对巩义市和中牟县四个村庄的调查中，有 258 户表示愿意转入土地。下面以这 258 户农户的相关数据作为基础，对农户愿意转入土地时租金的影响因素进行定量分析。

6.3.2.1　意愿转入租金的统计特征

在被调查农户中，258 户农户表示愿意转入土地。但是他们愿意转入土地所能接受的租金水平存在差异：个别农户表示在租金水平为 80 元时接受转入土地，另外，农户转入土地所能承受的租金水平较高，为 640 元。总体来看，农户将土地流转入时所能接受的的租金平均为 244 元(见表 6-15)。

表 6-15　**意愿转入租金的统计特征**

变量	观测	最小值	最大值	均值	标准差
租金	258	80	640	244	78.21

将 258 户农户愿意转入土地的租金按照一定区间进行统计。如表 6-16所示，在愿意转入土地的农户中，115 户愿意转入的租金水平在

200 元以下，所占比例为 45%，明显高于租金水平在其他区间的分布。107 户愿意转入土地的租金集中在 200～300 元的区间，所占比例为 41.5%。租金水平分布在这两个区间的农户占愿意转入土地农户的绝大多数，租金分布在其余区间的农户比例均较低。

表 6-16　**农户意愿转入土地的租金分布**

	≤200	200～300	300～400	400～500	>500	合计
户数	116	107	27	6	2	258
比例(%)	45.0	41.5	10.5	2.3	0.7	100

6.3.2.2 意愿转入农户的特征描述

1. 意愿转入土地的农户的地域分布

在被调查的 4 个村庄中，共有 258 户农户表示愿意转入土地。这 258 户农户在四个村庄的分布如表 6-17 所示：桑家沟村 28 户、念子庄村 22 户、瓦坡村 120 户、北堤村 88 户。

表 6-17　**意愿转入土地的农户在各个村庄的分布**

	桑家沟村	念子庄村	瓦坡村	北堤村	合计
户数	28	22	120	88	258
比例(%)	10.9	8.5	46.5	34.1	100

2. 户主性别

在愿意转入土地的农户中，女性户主为 10 户，占愿意转出户数的 3.9%；男性户主为 248 户，男性户主占绝对优势(见表 6-18)。

表 6-18　　意愿转入土地农户的户主结构

	男	女	合计
户数	248	10	258
比例(%)	96.1	3.9	100

3. 户主年龄

在愿意转入土地的农户中，户主年龄主要集中在31~40岁、41~50岁、50~60岁三个阶段，这三者所占的比重高于其他年龄阶段，三者占愿意转入土地农户数的比例分别为34.5%、25.2%、24%。

表 6-19　　意愿转入土地的农户户主年龄分布

	≤24	25~30	31~40	41~50	51~60	>60	合计
户主数	1	13	89	65	62	28	258
比例(%)	0.4	5.0	34.5	25.2	24.0	10.9	100

4. 家庭人口与劳动力

在愿意转入土地的农户中，家庭人口规模从1~7人不等，其中，家庭人口规模在3人、4人和5人的农户数较多分别为64户、108户、40户，占愿意转入农户数的比例依次为24.8%、41.9%、15.5%。其余人口规模的农户所占的比重均不足8%。

表 6-20　　意愿转入土地农户的家庭人口规模统计

	1	2	3	4	5	6	7	合计
户数	2	20	64	108	40	18	6	258
比例(%)	0.8	7.8	24.8	41.9	15.5	6.9	2.3	100

从家庭劳动力数量①来看，如表6-21所示，农户劳动力人口为2人、3人和4人的比例较高。其中，138户家庭劳动力人口为2人；57户家庭劳动力人口为3人；34户家庭劳动力人口为4人，这三者占愿意转入农户数的比例分别为53.5%、22.1%、13.25%。

表6-21　　意愿转入土地农户的家庭劳动力统计

	1	2	3	4	5	6	合计
户数	10	138	57	34	14	5	258
比例(%)	3.9	53.5	22.1	13.2	5.4	1.9	100

从劳动力的就业方式来看，在被调查的农户中，愿意转入土地的农户家庭中劳动力可能选择完全从事农业生产劳动，也有可能外出务工，还有可能是选择兼业经营。本书重点统计家庭中是否存在外出务工劳动力以及家庭中是否存在本地从事非农劳动的劳动力。

如表6-22所示，在258户愿意转入土地的农户中，162户农户家庭存在劳动力外出务工的现象，所占比例为62.8%；98户农户家庭中存在劳动力在本地从事非农劳动，所占比例为38%。需要指出的是，在258户农户中有64户属于纯农户，即家庭中的劳动力既无外出务工的现象，也无在本地从事非农劳动的现象。

表6-22　　意愿转入土地的农户就业方式统计

		是	否	合计
是否存在劳动力外出务工	户数	162	96	258
	比例(%)	62.8	37.2	100

① 本书对家庭劳动力人数的统计，只要是从事农业体力劳动的人都作为了家庭劳动力，而不同局限于我国规定的劳动适龄人口的统计(我国一般规定将男子处于16~60岁期间、女子处于16~55岁期间的人口称为劳动适龄人口)。

续表

		是	否	合计
是否存在劳动力	户数	98	160	258
在本地从事非农劳动	比例(%)	38.0	62.0	100

5. 农户家庭耕地面积

在258户愿意转入土地的农户中，如表6-23家庭所拥有的土地规模主要集中在1~5亩和5~10亩，前者有82户，后者有130户，两者共占愿意转入农户的比例为82.2%。

表6-23　　**愿意转出土地的农户家庭拥有的土地面积统计**

	≤1	1~5	5~10	10~15	>15	合计
户数	4	82	130	34	8	88
比例(%)	1.6	31.8	50.4	13.2	3.1	100

6. 家庭土地用途

如表6-24所示，在愿意转入土地的258户农户中，97户农户家庭中的现有土地用于种植粮食以外的农业生产经营活动；而约占62.4%的农户家庭中的土地仅仅用来种植粮食作物，并未将土地用于除此之外的其他用途。

表6-24　　**愿意转入土地的农户土地用途**

	是	否	合计
户数	97	240	258
比例(%)	37.6	62.4	100

注："是"代表农户家庭的土地用于种植粮食以外的其他农业生产经营；"否"代表农户家庭的土地并未用于种植粮食以外的其他农业生产经营，仅仅用来种植粮食作物。

7. 家庭收入

如表 6-25 所示，258 户愿意转入土地的农户中，农户家庭收入最低为 1000 元，最高为 280120 元，家庭收入平均水平为 25315. 1 元。其中，外出务工收入最高为 60000 元，平均收入水平为 7235. 4 元；在本地从事非农劳动收入最高为 40000 元，平均收入水平为 3318. 4 元。

表 6-25　　**愿意转入土地的农户收入**　　单位：元

	最小值	最大值	平均值
家庭收入	1000	280120	25315. 1
外出务工收入	0	60000	7235. 4
土地收入	0	40000	3318. 4

注："0"表示家庭中不存在这项收入来源，可能之前一直在外务工土地抛荒。

6. 3. 3　模型设定

6. 3. 3. 1　基本模型

本书采用多元线性回归，考察各因素对愿意转入租金的影响，模型形式如下：

$$\text{wrent}_{in} = \alpha + \beta \cdot X + \xi$$

wrent_{in}是被解释变量，属于连续变量，表示农户愿意转入土地时所能支付的最高租金水平。

X 是影响农户愿意转入土地租金水平的因素；

α 为常数项；

β 为回归系数；

ξ 表示随机误差项。

6.3.3.2 变量选择及说明

在前文的研究中，我们将影响农户愿意转入租金的因素归为四类，它们分别从经营土地的收益、经营土地的成本、评价性因素以及农户所处环境特征四个层面度量各因素对农户愿意转入租金的影响。下面对计量模型中所选取的变量作出如下说明：

在经营土地的收益方面，本书用每亩土地净收益作为反映转入土地后每亩土地可能获取的净收益替代指标，变量形式为连续变量。反映家庭劳动力多少的变量为连续变量。

在流转前经营土地的机会成本方面，目前从事非农经营的劳动力和从事非农经营的收入使用连续型变量。

在评价性因素方面，土地收入依赖性同样是通过土地收入占家庭收入的比重来反映，为连续型变量；人均收入的高低来反映家庭对转入土地的支付能力，也是连续型变量。

农户所处的环境特征即区域特征变量，本书使用虚拟变量进行控制，在四个村庄以瓦坡村为参照组。具体变量选择及含义参见表 6-26：

表 6-26　　**变量选择及说明**

变量分类	变量名称	变量名代码	变量解释
被解释变量	愿意转入租金	$wrent_{in}$	愿意转入土地时的租金水平
解释变量			
转入土地的收益	土地净收益	netland	每亩土地的净收益
	农业劳动力	lobor	家庭中劳动力数
转入土地的成本	非农劳动力	nonagrilabor	家庭中参与非农劳动的人数
	非农收入	nonagriincome	家庭中农业之外的收入
评价性因素	土地重要性	importance	土地收入占家庭收入的比重
	支付能力	perincome	支付能力受人均收入的限制

续表

变量分类	变量名称	变量名代码	变量解释
区域因素	地区虚拟变量	虚拟变量 $D_i(i=1, 2, 3)$	$D_1=1$ or 0：是否为桑家沟村 $D_2=1$ or 0：是否为念子庄村 $D_3=1$ or 0：是否为北堤村

6.3.4 模型估计结果及分析

6.3.4.1 回归结果

本书以农户愿意转入土地时的租金水平为因变量，参照模型给出的公式，以所引进的四个层面的 7 个变量为自变量，建立回归模型。利用 Eviews 6.0 软件，得到回归结果，如表 6-27 所示。

表 6-27　**愿意转入租金的影响因素模型**

	变量	系数	$\|T\|$
转入土地的收益	netland	0.0155	0.68
	labor	11.8350**	2.15
机会成本	nonagrilabor	−12.6199*	1.69
	nonagriincome	−0.0007*	1.79
评价因素	importance	35.1279	1.40
	perincome	0.0031***	2.61
地区虚拟变量	D_1	−37.1433	1.09
	D_2	−7.7851	0.40
	D_3	−24.4575**	2.06
常数	constant	234.2579***	8.24
Number of Observations		258	
R-squared		0.08	
F		2.36	
Prob>F		0.014	

注：***、**、* 分别表示在 1%、5%和 10%的显著性水平上显著。

6.3.4.2　回归结果分析

从表 6-27 模型回归结果看，$F=2.36$(Prob>F 值为 0.014)，回归方程整体显著性较好。

在经营土地的收益与愿意转入的租金关系方面，目前每亩土地的净收益未通过显著性检验，但在方向上与本书的之前预想一致，目前每亩土地的净收益越高，在转入土地时，愿意支付的租金水平越高。

农户家庭中劳动力数量与愿意转入的租金水平在 0.05 的显著水平下存在相关。与预想假设一样，农户家庭中劳动力越多，农户在将土地转入时所要求的意愿租金越高。家庭中每增加 1 个农劳动力，农户所愿意支付的租金水平就会提高 11.835 元。

在流转前经营土地的成本与愿意转入的租金关系方面，目前从事非农经营的劳动力数量和获得非农收入的高低与愿意转入土地的租金在 0.1 的显著水平下存在相关。在方向上与本书预想一致，从事非农经营的劳动力数量越少，愿意转入土地的租金越高，家庭中从事非农经营的劳动力数量每减少一个，农户愿意转入土地的租金就会提高 12.62 元；农户从事非农经营获得的收入越少，愿意转入土地的租金会越高，农户从事非农经营获得的收入每减少 10000 元在转入土地时所愿意支付的租金水平就会提高 7 元。

在评价性因素方面，从土地收入依赖性系数前的符号来看，与本书的设想一致，土地收入依赖性与愿意转入土地的租金存在正相关，但这一变量未通过显著性检验。农户的人均收入与愿意转入土地的租金存在正相关，农户人均收入每增加 10000 元，在转入土地时所愿意支付的租金水平仅仅会提高 30 元。

从反映农户所处环境的虚拟变量来看，本书以瓦坡村为参照，D_1，D_2，D_3分别代表桑家沟村、念子庄村以及北堤村。回归系数显示桑家沟村、念子庄村与瓦坡村在愿意转入的租金水平差异并不显著。在 0.01 的显著水平下，北堤村的租金水平与瓦坡村的租金水平存在差异，在其他因素既定的情况下，北堤村的租金水平要比瓦坡村的租金水平低 24.46 元。

6.4 本章小结

实证分析表明，土地流转价格是影响农户是否选择土地流转行为的最关键因素，而实际上农户意愿转出租金和意愿转入租金的不一致不匹配会直接影响供求双方农地流转交易的达成。因此，在本章研究的重点是分别找出影响转出农户意愿租金和转入农户意愿租金的关键性因素，下一步期望通过政策干预来改变其中的某些可控性关键性因素，从而能够促使土地流转供求农户双方的租金水平趋于一致，最终使得农村土地流转交易达成更高水平。

对于愿意转出的土地农户而言，从成本收益的角度来看，基于模型分析的结果表明，影响农户愿意转出租金水平的关键性因素如下：

(1) 本地兼业劳动力与农户愿意转出租金之间存在正相关。农户家庭中在本地参与非农就业的劳动力越多，农户将土地转出时，要求支付的租金水平越高。

(2) 户主从事非农经营的能力与农户愿意转出租金之间存在负相关。农户户主从事非农经营获得的收入越多，农户将土地转出时要求的租金水平越低。

(3) 农户家庭中目前土地用途差异影响农户愿意转出土地时的租金。倘若农户家庭的土地在流转前用于粮食之外的其他农业用途，这类农户在愿意将土地转出时所能承受的租金水平比土地仅用来种植粮食的农户的租金水平要高。

对于愿意转入土地的农户，从成本收益的角度来看，基于模型分析的结果表明，影响农户愿意转入租金水平的关键性因素如下：

(1) 农户家庭中劳动力数量与愿意转入土地的租金水平之间存在正

相关。家庭中劳动力越多，农户愿意转入土地时，愿意支付的租金水平越高。

(2)农户家庭中参与非农经营的劳动力数量和非农经营的收入与愿意转入土地的租金水平之间存在负相关。无论是农户家庭中参与非农经营的劳动力数量越多，还是从事非农经营的获得收入越高，农户转入土地的租金水平都会越低。

(3)年人均收入是影响农户愿意转入租金高低的关键因素之一。在转入土地时，农户年人均收入越高，代表农户对租金的支付能力越强，农户也就愿意并能够承受较高的租金水平。

由于供给方农户愿意转出土地时要求的租金水平往往高于需求方农户转入土地时愿意支付的租金水平，为了促使土地流转交易达成更高的水平，需要使土地流转供求双方的租金要求趋于一致，故如何提高意愿转入农户愿意支付的租金水平和降低意愿转出农户所要求的租金水平应成为相关政策的重点方向。

第 7 章 市场统一下农户农地流转的情景模拟及干预效果

基于本书的技术路线和理论分析框架，前面几章我们重点分析了市场分割与农户农地流转行为的关系，包括市场分割下农户农地流转行为的交易特性、市场分割下的农户农地流转行为及其影响因素以及市场分割下农户农地流转关键影响因素的决定。那么如果打破农村土地承包经营权流转以村庄内部流转为主的市场分割状况，形成统一市场对农户农地流转有何影响？统一市场的形成是否会改变当前农村农地流转比例以及农户参与比例偏低的状况？本章将在完全竞争市场的假设下，通过统一市场的模拟，比较市场统一下的土地流转均衡量与市场分割下的土地流转均衡量，验证以村为单位的分割性市场和打破分割而形成的统一市场对农户土地流转意愿的实现与农地流转市场均衡的不同影响。考虑到目前全国各地纷纷建立土地流转有形市场的现实，这样的分析显然具有重要的理论意义和实践意义。同时，在市场统一的情景下，从影响农户意愿转入租金和意愿转出租金的关键性因素中选择可控性指标进行政策干预，设定不同的情景与干预方案，验证政策干预对土地流转市场均衡的影响，可望为政府政策层面的相关决策提供参考借鉴。

7.1 市场统一下农户农地流转的情景模拟

7.1.1 理论模型分析

为了简化分析，这里我们只从理论上比较两个单独市场与由它们所形成的统一市场在均衡量上大小的关系。

7.1.1.1 农村土地流转市场的供求曲线

依据相关法律法规，我国农村集体所有的土地在承包时依法由村集体经济组织或者村民委员会发包，如果要流转土地，那么同等条件下，本集体经济组织成员实际享有优先权。鉴于村集体在土地流转中的特殊地位，本书以行政边界作为划分依据，将每个村庄作为一个单独的土地流转市场。假定每个土地流转市场在性质上属于完全竞争市场，即每个土地流转市场符合以下假定：

假定 1：假定每个村庄内的土地流转市场中存在大量的土地转出方和转入方；

假定 2：假定在土地流转市场上，土地转出方的土地质量并无差异；

假定 3：假定土地在转出方和转入方之间具有完全的流动性，即转出方和转入方能够随时实现土地使用决策变更；

假定 4：假定土地转出方与土地转入方之间的信息是完全对称的。

基于上述假定，对于某一土地流转市场中的供求模型可以表示如下：

$$Q_s = f(P,\ X_s)$$

$$Q_d = f(P,\ X_d)$$

其中，

Q_s代表土地流转市场中的供给量；

Q_d代表土地流转市场中的需求量；

P 代表土地流转市场中的租金水平；

X_s 为除租金外影响土地流转供给量的其他因素；

X_d 为除租金外影响土地流转需求量的其他因素。

由于市场供求取决于影响个体供求的所有因素，土地流转市场中供给和需求的形成是市场参与主体——农户理性决策的结果。在现有关于农户个体决策研究的文献中，对租金之外影响个体供给和需求的其他因素进行了说明(陆松福，2005；钟林，2009)。除租金外影响个体供给的其他因素既包括收益性因素也包括成本性因素，收益性因素包括农产品价格及产量、其他就业渠道的工资及就业概率等，成本性因素包括耕作单位土地的所需的劳动时间及生产成本、交易成本等；除租金外影响土地流转需求量的因素包括农产品价格及产量、生产优势、单位土地的生产成本、交易成本等。

为简化分析，本书假定土地流转市场中的供给与需求仅是租金的函数，并将函数形式假定为线性的，即

$$D(p)=a-bp$$

$$S(p)=c+dp$$

其中，系数(a，b，c，d)是决定线性函数截距与斜率的参数，$a>0$，$b>0$，$c>0$，$d>0$。

7.1.1.2　单个土地流转市场的均衡

现在我们假定两个村庄：村庄 A 和村庄 B，考虑两个村庄 A、B 各自的土地流转市场均衡量与均衡租金的决定。

假定存在村庄 A，在村庄 A 内的土地流转意愿均在村庄内部实现，并且在假定村庄 A 符合前文所述假定 1 至假定 4，属于完全竞争型的农村土地流转市场。我们对村庄 A 的土地流转市场作出描述，村庄 A 的土地流转市场中的需求曲线和供给曲线可以表示如下：

$$D(p_A)=a_1-b_1p$$

$$S(p_A)=c_1+d_1p$$

其中，系数(a_1，b_1，c_1，d_1)是决定村庄 A 需求曲线和供给曲线的截距和斜率的参数。在村庄 A 的土地流转市场中，来自供求双方的力量使得市场达到均衡。均衡通过以下方程求得：

$$D(p_A)=a_1-b_1p=c_1+d_1p=S(p_A)$$

村庄 A 的土地流转市场均衡租金为：

$$p_A^* = \frac{a_1 - c_1}{d_1 + b_1}$$

将均衡租金代入，得出土地流转的均衡量：

村庄 A 的土地流转市场均衡量为：$D(p_A^*) = a_1 - b_1p_A^* = \dfrac{a_1d_1 - b_1c_1}{b_1 + d_1}$

同理，假定村庄 B 的土地流转市场也属于完全竞争市场，且最初村庄 B 的土地流转也仅发生在 B 村庄内部。对于村庄 B 的土地流转均衡量和均衡租金的计算同于村庄 A，本书不再重复计算的过程，只将村庄 B 的土地流转市场的均衡量和均衡租金简单列出。

村庄 B 的土地流转市场均衡租金：$p_B^* = \dfrac{a_2 - c_2}{d_2 + b_2}$

村庄 B 的土地流转市场均衡量为：$D(p_B^*) = a_2 - b_2p_B^* = \dfrac{a_2d_2 - b_2c_2}{b_2 + d_2}$

其中，系数(a_2，b_2，c_2，d_2)是决定 B 村庄供求曲线的截距和斜率的参数。

7.1.1.3 统一市场下的均衡

这里的统一市场是指土地流转不仅仅发生在村庄单一内部，而且是打破行政区域的界限，不同的村庄之间也可以发生土地流转行为，且市场机制可以充分发挥作用。在统一的流转市场中，土地流转的供给量和需求量来源于单个市场的加总。在此，为了分析问题的简化，我们假定在这个统一的市场中仅由来自村庄 A 和村庄 B 的供给者和需求者构成。

现在假定土地流转不单单发生在村庄内部，而是村庄 A 与村庄 B

通过有形平台的建设，两个村庄内的需求者和供给者之间形成了一个统一的、整体的土地流转市场。在这个统一的市场中，村庄 A 与村庄 B 之间的能够自由地实现土地流转。村庄 A 与村庄 B 之间形成这个统一的土地流转市场仍然符合前文所述的完全竞争市场的条件。统一的土地流转市场的供给和需求可以通过将村庄 A 与村庄 B 市场中供给和需求分别加总求得。本书将统一的土地流转市场的供给和需求定义如下：

$$D(p_{AB})=a-bp$$

$$S(p_{AB})=c+dp$$

其中，

$$a=a_1+a_2$$

$$b=b_1+b_2$$

$$c=c_1+_2$$

$$d=d_1+d_2$$

在统一的土地流转市场中，均衡租金通过以下方程求得：

$$D(p_{AB})=a-bp=c+dp=S(\underline{p}_{AB})$$

得到统一的土地流转市场均衡租金为：

$$p_{AB}^{*}=\frac{a-c}{d+b}$$

统一的土地流转市场均衡量为：

$$D(p_{AB}^{*})=a-bp^{*}=a-b\frac{a-c}{b+d}=\frac{ad+bc}{b+d}$$

7.1.1.4　统一市场均衡量大于分割市场均衡量之和的条件

在不同村庄之间，构建统一的土地流转市场有形平台可以使得土地流转打破行政区域的限制，供求双方面临着更多可供选择的流转对象，市场机制充分发挥作用。但统一的土地流转市场会对农户农地流转意愿的实现产生影响吗？

对这一问题的回答，则需要对统一市场情形下的土地流转均衡量与单个市场内部流转情形下的均衡量作出对比即可。本书将两种情形下的差异定义为 ΔD。

ΔD 的计算如下：

$$\Delta D = D(p_{AB}^*) - [D(p_A^*) + D(p_B^*)]$$

$$= a - b\frac{a-c}{b+d} - \left[\left(a_1 - b_1\frac{a_1-c_1}{b_1+d_1}\right) + \left(a_2 - b_2\frac{a_2-c_2}{b_2+d_2}\right)\right]$$

为使上式在形式上有所简化，令：

$$m = a_1 - c_1$$

$$u = b_1 + d_1$$

$$n = a_2 - c_2$$

$$v = b_2 + d_2$$

由于 $a = a_1 + a_2$；$b = b_1 + b_2$；$c = c_1 + c_2$；$d = d_1 + d_2$，ΔD 简化为：

$$\Delta D = D(p_{AB}^*) - [D(p_A^*) + D(p_B^*)]$$

$$= -b\frac{a-c}{b+d} + b_1\frac{a_1-c_1}{b_1+d_1} + b_2\frac{a_2-c_2}{b_2+d_2}$$

$$= -b\frac{m+n}{u+v} + b_1\frac{m}{u} + b_2\frac{n}{v}$$

$$= \frac{b_1m(u+v)v + b_2n(u+v)u - b(m+n)uv}{uv(u+v)}$$

所以，ΔD 的符号取决于 $b_1m(u+v)v + b_2n(u+v)u - b(m+n)uv$ 的大小，令：

$$t = b_1m(u+v)v + b_2n(u+v)u - b(m+n)uv$$

经化简得①：

---

① 具体简化过程如下：

$$t = b_1m(u+v)v + b_2n(u+v)u - b(m+n)uv$$
$$= b_1muv + b_1mv^2 + b_2nu^2 + b_2nuv - bmuv - bnuv$$
$$= b_1muv + b_1mv^2 + b_2nu^2 + b_2nuv - (b_1+b_2)muv - (b_1+b_2)nuv$$
$$= b_1mv^2 + b_2nu^2 - b_2muv - b_1nuv$$
$$= b_1v(mv - nu) + b_2u(nu - mv)$$
$$= (mv - nu)(b_1v - b_2u)$$
$$= (mv - nu)[b_1(b_2 + d_2) - b_2(b_1 + d_1)]$$
$$= (mv - nu)(b_1d_2 - b_2d_1)$$

$$t = (mv - nu)(b_1d_2 - b_2d_1)$$

由此来看，ΔD 的符号取决于$(mv-nu)$与$(b_1d_2-b_2d_1)$的正负，而$(mv-nu)$反映了两个市场均衡租金的关系，$(b_1d_2-b_2d_1)$反映了两个市场供求曲线斜率之间的关系。它们与 ΔD 的之间关系具体如下：

(1) 当村庄 A 和村庄 B 内土地流转市场满足条件 $p_A^* = p_B^*$，(即 $mv=nu$)或者 $b_1/d_1=b_2/d_2$ 时，$\Delta D=0$，即统一市场的土地流转均衡量与单个市场的土地流转均衡量之和无差异；

(2) 当村庄 A 和村庄 B 内土地流转市场满足条件 $p_A^* > p_B^*$，$b_1/d_1 > b_2/d_2$ 时，或者 $p_A^* < p_B^*$，$b_1/d_1 < b_2/d_2$ 时，$\Delta D>0$，即统一市场的土地流转均衡量大于单个市场的土地流转均衡量之和。此时，村庄之间形成统一的流转平台对土地流转的实现将具有积极的促进作用。

(3) 当村庄 A 和村庄 B 内土地流转市场满足条件 $p_A^* > p_B^*$，$b_1/d_1 < b_2/d_2$ 或者 $p_A^* < p_B^*$，$b_1/d_1 > b_2/d_2$ 时，$\Delta D<0$，即统一市场的土地流转均衡量小于单个市场的土地流转均衡量之和。此时，村庄之间形成统一的流转平台对流转的实现并无意义。

由此来看，形成统一的土地流转市场与土地流转交易量之间关系比较复杂。若使统一的土地流转市场促进土地流转交易量的扩大需要以一定条件为前提。在此，不妨进一步对现实中两种可能的情形作出讨论：

第一种情形假定村庄 A、B 面临相同斜率的需求曲线，即 $b_1=b_2$，我们可以得出结论：倘若 A 村庄均衡价格高于 B 村庄，若 A 村庄的供给曲线相对 B 村庄更为陡峭，则村庄 A、B 形成统一市场的成交量大于相对分割下的成交量之和；若 A 村庄的供给曲线相对 B 村庄更为平坦，则村庄 A、B 形成统一市场的成交量小于相对分割下的成交量之和。

第二种情形假定村庄 A、B 面临相同斜率的供给曲线，即 $d_1=d_2$，我们可以得出结论：倘若 A 村庄均衡价格高于 B 村庄，若 A 村庄的需求曲线相对 B 村庄更为平坦，则村庄 A、B 形成统一市场的成交量大于相对分割下的成交量之和；若 A 村庄的供给曲线相对 B 村庄更为陡峭，则村庄 A、B 形成统一市场的成交量小于相对分割下的成交量之和。

7.1.2 市场统一假说及验证方法

7.1.2.1 假说

总结上文的分析可以得到如下假说：统一市场情形下的均衡量与单个市场情形下均衡量之和的大小关系取决于供求曲线的参数和由它们决定的均衡租金。只要当两个土地流转市场满足 $p_A^* > p_B^*$，$b_1/d_1 > b_2/d_2$ 或 $p_A^* < p_B^*$，$b_1/d_1 < b_2/d_2$ 时，则统一市场的均衡量就会大于分割市场均衡量之和。

7.1.2.2 整体验证方法

前文是以两个单独市场构成统一市场为例，指出统一市场的均衡量大于分割市场均衡量之和的条件。然而，现实中统一的农地流转市场并非由两个农地流转市场简单地构成，可能是由多个分割的市场组成。对于由多个市场形成的统一市场的均衡量与单个市场的均衡量之间关系，考虑推导过程的复杂性，本书并未给出理论上的推导。在此，本书对整体统一市场的均衡量与分割市场的均衡量之间的关系仅从实证角度作出验证。

1. 分别计算单个村庄的市场均衡量

确定单个村庄土地流转市场均衡量的前提是要确定单个村庄内土地流转市场的供给曲线和需求曲线。对农村土地流转市场而言，供给曲线表示在一定时期内，在不同的租金水平下，愿意转出且能够转出土地的数量；需求曲线表示在一定时期内，在不同的租金水平下，愿意转入且能够转入土地的数量。考虑到调查是对农户流转意愿的询问，这里以意愿租金为纵坐标，愿意流转的农户数为横坐标描述和构建农村土地流转市场的供求曲线①。对于单个村庄而言，土地流转市场的供给曲线与需求曲线分别表示在一定时期内，在不同的意愿租金水平下村内愿意转出土地和愿意转入土地的农户数。对于农村土地流转的供给而言，可以通过计算不同意愿租金水平下愿意转出农户数向上累加频数并通过散点图的描绘拟合出供给函数；对于农村土地流转的需求而言，可以通过计算不同意愿租金水平下愿意转入农户数向下累加频数并通过散点图的描绘拟合出需求函数。在确定了土地流转市场的供求曲线之后，土地流转市场的均衡量便可以通过供求曲线的交点求出。

2. 计算整体统一市场的市场均衡量

所谓的整体统一市场便是打破单个村庄分割的局面，来自不同村庄的供给者和需求者共同形成的土地流转市场。同样，确定整体统一性的农村土地流转市场均衡量，首先要确定整体统一性的土地流转市场的供求曲线。整体统一性的土地流转市场的供求曲线的获得与单个土地流转市场中的描述方法相似，只是对于整体统一性的土地流转市场而言，土地流转市场的供求曲线表示在一定时期内，在不同意愿租金水平下所有村庄内部愿意转出土地或者愿意转入土地的农户数。在确定了土地流转市场的供求曲线之后，整体统一市场的土地流转市场均衡量便可以通过供求曲线的相交求出。

3. 比较

分别计算出所有村庄的单独土地流转市场均处于相对分割状态下的均衡量，并相加得出分割市场均衡量之和，与所有村庄构成整体统一市场的市场均衡量进行比较。通过大小关系的比较来验证整体统一市场的均衡量是否大于分割市场的均衡量之和。

---

① 基于政策推进等因素的影响，农户农地流转在时间上具有一定的一致性，农户农地流转规模也近似于正态分布且峰值较高，故以流转农户数替代流转农地的数量具有合理性。同时，由于农户间拥有的土地数量差别较大且实际流转土地数量也难以统计，加之意愿租金有别于实际流转的租金，故愿意转出和愿意转入的农户数相对于愿意转出或者转入的土地数量更具有现实意义，下同，不再赘述。

7.1.2.3　两两形成统一市场的验证方法

如前文所述，当两个土地流转市场满足条件 $p_A^* > p_B^*$，$b_1/d_1 > b_2/d_2$ 或 $p_A^* < p_B^*$，$b_1/d_1 < b_2/d_2$ 时，$\Delta D>0$，两两形成统一市场的土地流转均衡量大于单独市场的土地流转均衡量之和。对这一假说的验证，本书通过以下步骤进行：

1. 计算两两形成统一市场的市场均衡量

两两形成统一市场的市场均衡量的计算与前文整体统一市场的市场均衡量的计算相似。两两形成统一市场的供求曲线通过计算在不同的意愿租金水平下两个村庄内部愿意转出土地的农户数以及愿意转入土地的农户数得到。对两两形成统一市场而言，在确定了土地流转市场的供求曲线后，土地流转市场均衡量便可以通过供求曲线的相交求出。

2. 由单个土地流转市场供求函数的参数确定 ΔD 的符号

如前文所述，单个土地流转市场的供给(需求)曲线表示在一定时期内，在不同意愿租金水平下，愿意转出(转入)土地的农户数。对于供给函数可以通过计算不同意愿租金水平下愿意转出农户数向上累加频数，并通过散点图的描绘拟合出供给函数；对于需求函数可以通过计算不同意愿租金水平下愿意转入农户数向下累加频数，并通过散点图的描绘拟合出需求函数。

在描述出单个土地流转市场的供求函数之后，我们可以得出供求函数的参数以及计算出单个村庄处于市场均衡时的租金水平。在此基础上，比较两个分割市场均衡租金的大小关系以及($b_1d_2-b_2d_1$)的符号，可以判断出 ΔD 的符号。

3. 对假说验证的实现

依据前文计算出的单个市场以及两两形成统一市场的均衡量，比较两两形成统一市场时的均衡量与单个市场均衡量的之和的大小关系。

在此基础上，判断 ΔD 的符号与由均衡量比较的大小关系是否一致，若两者一致，则验证了假说；反之，则假说不成立。

7.1.3 验证结果及讨论

7.1.3.1 用于验证的数据来源

本书对假说验证主要使用四个村庄内 88 户愿意转出土地的农户数据以及 258 户愿意转入土地的农户数据。由于对每个村庄均使用随机调查的形式获取数据，因此可以假定每个村庄为单独土地流转市场。

7.1.3.2 整体验证结果

若将本书中所涉及的四个村庄所有的流转需求和流转供给视为处于一个统一的土地流转市场内，计算出此时均衡租金和均衡量；同时，将每个村庄均视为一个独立的、封闭的土地流转市场，也分别计算各个村庄内的均衡租金和均衡量。将统一市场情形下的均衡情况以及单独市场情形下的均衡情况汇于表 7-1。

表 7-1 整体统一市场下的均衡量与单个市场的均衡量对比

	整体市场	地域分割流转市场			
		桑家沟村	念子庄村	瓦坡村	北堤村
均衡租金(元)	390	417	286	376	320
均衡量(个)	42. 09	6. 34	10. 21	14. 72	6. 32

从表 7-1 来看，在统一市场情形下，土地流转市场的均衡租金处于四个村庄均衡租金的中间，而均衡量大于四个村庄单独流转时的均衡量之和，即 42. 09>37. 59①，这一大小关系表明了倘若在土地流转过程中各个区域由于相对市场分割而形成单独的、封闭的土地流转市场，会影

① 37. 59 = 6. 34+10. 21+14. 72+6. 32

响土地流转市场的均衡量，若形成统一的整体性的流转市场，则会增加土地流转市场的均衡量。

7.1.3.3 村庄两两之间形成统一市场的验证结果

1. 由农地流转市场供求曲线判断 ΔD 的符号

将各个村庄视为单独的土地流转市场，分别统计各个村不同意愿租金下愿意转出农户的向上累积频数和愿意转入农户的向下累积频数，以意愿租金为纵坐标，愿意转出或者愿意转入的农户数为横坐标，描绘租金与农户之间的散点图，并拟合出各个村庄的供给与需求曲线。需要指出的是，散点图直接拟合出的函数关系是租金对农户数的响应，属于反供求函数，而前文的假说中使用的是供求函数的形式，在两种函数形式之间，它们的斜率参数函数互为倒数。将各个村庄的供求函数参数列于表 7-2 中。

表 7-2　　各个村庄的土地流转供求与反供求函数斜率参数

	反供求函数斜率		供求函数斜率	
	$1/b$	$1/d$	b	d
桑家沟村	12.83	59.41	0.08	0.02
念子庄村	18.49	25.23	0.05	0.04
瓦坡村	2.098	7.416	0.48	0.13
北堤村	2.693	36.93	0.37	0.03

依据供给函数和需求函数，分别计算四个村庄内土地流转市场所形成的均衡租金和均衡量，所得到的结果在表 7-1 已经列出，在此不再重复列出。依据表 7-1 中所列出的均衡租金和表 7-2 中供求函数的斜率参数，分别比较四个村庄的均衡租金之间的关系以及供求曲线斜率参数之间的关系，两两比较之后将结果汇于表 7-3。

表 7-3 **不同村庄均衡租金以及供求曲线斜率关系的比较**

	桑家沟村	念子庄村	瓦坡村	北堤村
桑家沟村		$p_a^* > p_b^*$，$b_a d_b - b_b d_a > 0$	$p_a^* > p_c^*$，$b_a d_c - b_c d_a > 0$	$p_a^* > p_d^*$，$b_a d_d - b_d d_a < 0$
念子庄村			$p_b^* < p_c^*$，$b_b d_c - b_c d_b < 0$	$p_b^* < p_d^*$，$b_b d_d - b_d d_b < 0$
瓦坡村				$p_c^* > p_d^*$，$b_c d_d - b_d d_c < 0$
北堤村				

注：由于村庄的两两比较结果具有一致性，本书只给出比较关系的上半部分。

前文指出 ΔD 的符号取决于$(mv-nu)$与$(b_1d_2-b_2d_1)$的正负，$(mv-nu)$反映的是两个土地流转市场均衡租金的之间关系，$(b_1d_2-b_2d_1)$反映的是两个土地流转市场供求曲线斜率之间的关系。

依据表 7-3 中对两个市场均衡租金的大小关系以及$(b_1d_2-b_2d_1)$正负的判断，本书进一步对 ΔD 的符号进行判断，结果如表 7-4 所示。ΔD 的符号为正，说明两个村庄之间若形成统一市场，则形成的均衡量大于两个村庄内单独形成的流转量之和；若 ΔD 的符号为负，则说明两个村庄之间若形成统一市场，形成的均衡量小于两个村庄内单独形成的流转量之和。

表 7-4 **村庄间流转均衡量的变化**

	桑家沟村	念子庄村	瓦坡村	北堤村
桑家沟村		$\Delta D>0$	$\Delta D>0$	$\Delta D<0$
念子庄村			$\Delta D>0$	$\Delta D>0$
瓦坡村				$\Delta D<0$
北堤村				

2. 由供求函数计算两两形成统一市场的均衡量

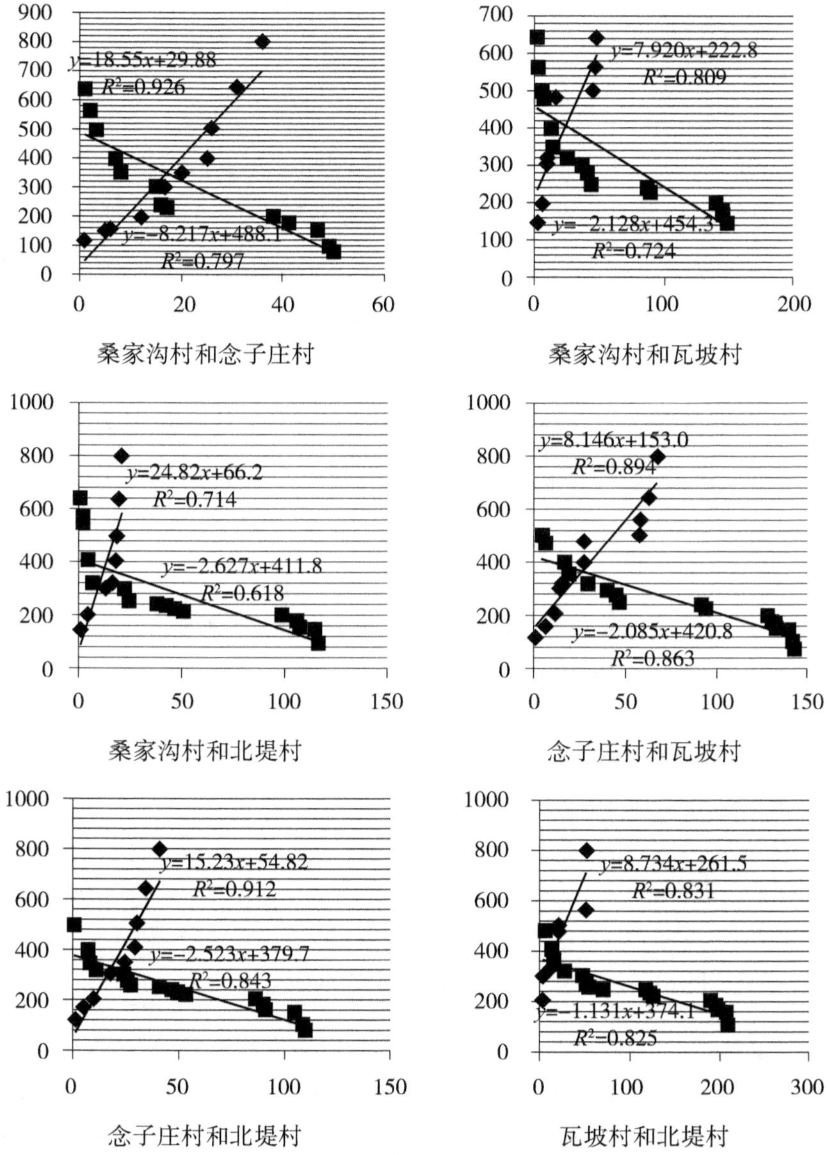

图 7-1　不同村庄两两之间形成统一市场时的供求曲线

上文是依据假说条件按照供求曲线形成的均衡租金和供求曲线的斜率对流转均衡量变化作出的判断，假说是否成立需要将数据代入验证。按照前文拟合四个村庄供给和需求函数思路，拟合出不同村庄两两之间形成统一市场时土地流转的供给与需求函数。

在图7-1中，横轴表示愿意流转的户数，纵轴表示愿意流转的租金水平，因此，由图形中拟合出曲线表示土地流转的反供给和反需求曲线，将它们用函数的形式表示出来，见表7-5。表7-5给出不同村庄两两之间形成统一市场时所形成的供给与需求曲线，由此我们可以计算出相应土地流转的均衡量，并将这一结果与各个村庄相对分割形成的均衡量一并列出，结果见表7-6。

将不同村庄两两之间形成统一市场时的均衡量依次减去两个村庄单独流转情形下形成的均衡量，这一差值反映了两个村庄形成统一的流转市场前后均衡量有无变化。本书只取差值前的符号汇于表7-7中。

表7-5 不同村庄两两之间形成统一市场时的供求曲线

	反供给函数	反需求函数
桑家沟村和念子庄村	$p=29.88+18.55q$	$p=488.1-8.217q$
桑家沟村和瓦坡村	$p=222.8+7.92q$	$p=454.3-2.128q$
桑家沟村和北堤村	$p=66.2+24.82q$	$p=411.8-2.627q$
念子庄村和瓦坡村	$p=153.0+8.146q$	$p=420.8-2.085q$
念子庄村和北堤村	$p=54.82+15.23q$	$p=379.7-2.523q$
瓦坡村和北堤村	$p=261.5+8.734q$	$p=374.1-1.131q$

表7-6 不同村庄两两间流转的均衡量与村庄内流转的均衡

	桑家沟村	念子庄村	瓦坡村	北堤村
桑家沟村	6.34	17.11	22.83	12.59
念子庄村		10.21	26.17	18.30

续表

	桑家沟村	念子庄村	瓦坡村	北堤村
瓦坡村			14.72	11.41
北堤村				6.32

表 7-7 **村庄两两间流转的均衡量与村庄内流转的均衡大小关系**

	桑家沟村	念子庄村	瓦坡村	北堤村
桑家沟村		+	+	-
念子庄村			+	+
瓦坡村				-
北堤村				

如表 7-7 所示，表格中的正号说明两个村庄之间若形成统一市场，则形成的均衡量大于两个村庄内单独形成的流转量之和；而表格中的负号说明两个村庄之间若形成统一市场，则形成的均衡量小于两个村庄内单独形成的流转量之和。

7.1.3.4 结果讨论

从整体验证结果来看，由四个村庄形成整体统一市场的均衡量大于四个村庄为单个市场时的均衡之和。

从两两形成统一市场的结果来看，对比表 7-4 和表 7-7 的结果，不难发现 ΔD 的符号与由均衡量大小关系的比较结果具有一致性，即验证前文中了所述的假说，当 $\Delta D>0$ 时，两个村庄之间若形成统一市场，则形成的均衡量大于两个村庄内单独形成的流转量之和；当 $\Delta D<0$ 时，两个村庄之间若形成统一市场，则形成的均衡量小于两个村庄内单独形成的流转量之和。

在前文中，依据现实作出了两种可能的情形假定：第一种情形假定桑家沟村、念子庄村村庄面临相同斜率的需求曲线，即 $b_1=b_2$；第二种情形假定桑家沟村、念子庄村面临相同斜率的供给曲线，即 $d_1 = d_2$。这里依据表 7-2 供求曲线的斜率也作一下近似，认为桑家沟村和念子庄村面临相同的需求曲线(0.08 和 0.05)，桑家沟和北堤村面临相同的供给曲线(0.03 和 0.02)。

对于第一种情形，我们发现桑家沟村的均衡租金高于念子庄村，而且桑家沟村的供给曲线相对念子庄村更陡峭，理论上桑家沟村和念子庄村形成统一市场时成交量会增大，表 7-7 实际计算结果也表明桑家沟村和念子庄村形成统一市场时的交易量增大。

对于第二种情形，我们发现桑家沟村的均衡租金高于北堤村，而且桑家沟村的需求曲线相对桑家沟村更陡峭，理论上桑家沟和北堤之间形成统一的市场时成交量会减少。表 7-7 的实际计算结果也表明桑家沟和北堤形成统一市场时的交易量减少。

7.2　流转市场均衡的干预效果

7.2.1　理论分析

均衡是经济学中的基本概念之一，均衡分析也是经济学最基本的分析工具之一。市场均衡通常被定义为在一定的外部条件下，市场供给力量与市场需求力量通过相互影响、相互作用所达到的一种相对稳定状态，在这种状态下供求双方都无意改变各自所处的状态(黄武，2005)。这里我们引入局部均衡分析方法，即单独强调一个市场，这个市场独立于任何其他市场，其他条件不变的情况下考察单独市场的均衡。

就农村土地承包经营权流转市场而言，我们假定流转市场与其他市场无关，该市场的变化不影响其他市场，同样也不会受到来自其他市场变化的影响。在土地流转市场中，转入农户代表对土地的需求，他们对转入土地有着自己的意愿支付价格；转出农户则代表着对土地的供给，他们对转出的土地有着自己的意愿收取价格。转入方和转出方用某种途径、某种方式，寻求达成土地流转交易的可能，供给和需求双方力量的相互作用便形成了流转市场的均衡，进而决定了均衡租金和均衡数量。流转市场的均衡一旦形成，在其他条件不变的情况下，流转市场的均衡便会一直维持下去。这里所谓的其他条件不变，是指土地流转市场中的供给和需求两条曲线不发生改变，即影响土地流转市场均衡的供给和需求的因素都不发生改变。

倘若影响土地流转市场中影响供给和需求的因素发生改变时，流转市场的供给和需求曲线就会发生改变，从而进一步影响市场均衡。在经济学的局部均衡理论中指出，需求的变动引起均衡价格和均衡数量的同向变动；供给的变动引起均衡价格反向变动，均衡数量同向变动。因此，我们可以看出，当供给曲线和需求曲线向右发生位移，均能引起均衡量的增加。如图 7-2 所示，分别显示了土地流转的需求不变、供给增加和供给不变、需求增加对市场均衡量的影响。

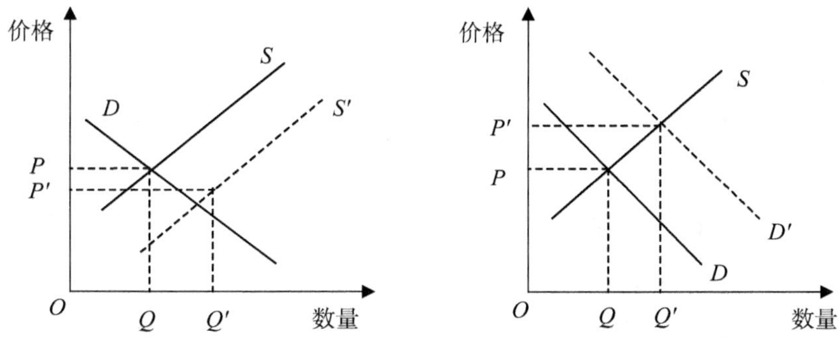

图 7-2 供给和需求变动对均衡量的影响

从目前土地流转的现实来看，农村土地流转的发生率并不理想。就土地流转价格而言，转入农户愿意支付的价格水平较低，而转出农户要求的价格水平较高。倘若在流转市场中，转入农户愿意支付的租金水平普遍低于转出农户要求的租金水平，那么供给方意愿租金与供给量构成的供给曲线将始终高于需求方意愿租金与需求量构成的需求曲线，交易就会无法实现。

针对土地流转市场的现实，通过政策干预使得土地流转市场的均衡状态发生改变成为一种必要。我们政策干预的目的是提高农村土地流转市场的交易率。为了促使流转能够实现，要么供给曲线要是下移，要么需求曲线上移。而供给和需求曲线的改变依赖于影响农村土地承包经营权流转市场转出农户和转入农户流转行为的因素发生改变。

在土地流转市场中，如何改变供给曲线和需求曲线以提高土地流转交易率是所面临的重要课题。第5章的研究指出了影响农户愿意转出和愿意转入租金的关键性因素。倘若这些因素处于不变的情况下，土地流转交易不会改变；而如果改变这些关键性因素，土地流转市场中的租金会发生改变，土地流转市场的供求会发生相应改变，进而改变土地流转市场中的均衡。

从政策干预的角度来看，在第5章通过计量分析得出了影响农户愿意转出租金和愿意转入租金的关键性因素。其中影响意愿转出农户意愿租金的因素有：流转前的土地用途、土地质量(未通过显著性检验)、农户家庭中本地非农就业的劳动力数量、人均务工收入(未通过显著性检验)、户主从事非农经营获得的收入、人均耕地面积(未通过显著性检验)、土地收入依赖性(未通过显著性检验)、人均收入(未通过显著性检验)、农户所处环境的虚拟变量。影响意愿转入农户意愿租金的因素有：每亩土地的净收益(未通过显著性检验)、家庭中劳动力数量、家庭中参与非农劳动的人数、家庭中农业之外的收入、土地收入占家庭收入的比重、人均收入、农户所处环境的虚拟变量。

由此可见，在通过显著性检验的影响因素中，愿意转出农户家中的本地非农劳动力数量和愿意转入农户的人均收入属于影响因素中容易调控和干预的因素。第5章的实证分析结果表明：本地非农劳动力与愿意转出租金呈正相关，而人均收入与愿意转入租金呈正相关。因此，减少本地非农劳动力①，增加人均收入从理论上会使得转出农户愿意转出的租金降低，转入农户愿意转入的租金提高。两者的变化反映在流转市场的供求曲线的变化上便是供给曲线与需求曲线的右移。此时，无论供给曲线和需求曲线单独改变还是同时改变都会增加土地流转市场的均衡量，这也实现了政策干预的目的。

因此，从理论上讲，提高农村土地流转市场的交易率，可以通过实施政策干预减少意愿转出户本地非农劳动力、增加意愿转入户人均收入来实现。倘若制定并出台了相关政策后，它们对农村土地流转市场均衡的影响效果又会如何？我们需要从实证的角度对理论上的判断进行验证。

因此，下面研究的主要内容是依据第5章中影响农户愿意转出和愿意转入租金的关键性因素，对部分因素实施干预，测定租金的变化情况以及土地流转市场中供求曲线的改变情况，进而验证影响因素变化对市场均衡的影响——农村土地流转市场均衡量是否增加②。需要验证的内容如下：

(1)在需求不变的情况下，本地非农就业劳动力的减少(供给增加)，是否将会使得农村土地流转市场中的均衡量增加？

(2)在供给不变的情况下，农户年人均收入的增加(需求增加)，是否将会使得农村土地流转市场中的均衡量增加？

(3)在供给和需求同时发生改变的情况下，即本地非农就业劳动力减少的同时农户年人均收入的增加，是否将会使得农村土地流转市场中的均衡量增加？

---

① 减少本地非农劳动力，实质上是改变农户兼业的状态，使得农户转变脱离从事农业生产的状态。

② 本节仍参照之前的做法，以意愿租金为纵轴，农户数为横轴构建农村土地流转市场的供给和需求曲线。因此，研究市场均衡量是否增加，即验证农村土地流转市场中能形成交易的农户数是否增加。

7.2.2 模拟思路与模型

倘若政府实施了相关政策改变影响农户意愿租金的因素会对土地流转市场的均衡产生何种程度的影响？这本质上就是对政策干预效果作出评价。评价政策干预效果的目的是为政策完善和为下一步的政策实施方向提供依据。本节借鉴经济学局部均衡模型，针对农村土地流转市场，建立用于反映政策干预效果的模型。需要指出的是，政策对土地流转市场均衡的干预效果是相对于没有政策干预的自发均衡状态而言，因此，通过对比两种状态下的市场均衡变化，也就是反映了政策干预的效果。

7.2.2.1 干预效果模拟的前提——从农户数据到市场数据的逻辑

我们在问卷调查时是以农户为调查对象展开的，而本章对政策干预效果的模拟是建立在市场供给和需求的基础上。这就需要数据实现由农户数据到市场数据的演变。市场数据与个体数据之间存在这样一种逻辑：市场供求是个体供求的水平加总。在各种价格水平下，将市场上各个消费者的需求量简单相加，便可得到市场需求，同样，在各种价格水平下，所有生产同一商品的生产者的供给量相加就可得到市场供给。

对农村土地承包经营权流转市场而言，流转市场中的需求和供给的形成是市场参与主体——农户理性决策的结果。本书在对四个村庄的调研时是采用分层抽样调查的形式展开的。因此，从某种意义上来看，所有愿意转出和愿意转入农户的集合便构成了被调查地区土地流转市场中供给和需求的来源。

在前面章节的分析中，已经指出农村土地承包经营权流转的供给曲线和需求曲线是以意愿租金为纵坐标，愿意流转的农户数为横坐标进行构建的。从这样一种角度来看，农户数据与市场均衡存在这样关系：对于每个农户而言，影响租金的因素发生改变→农户的意愿租金水平发生改变→市场中新的租金水平下对应的农户数发生改变→市场中的供给和需求曲线发生改变→市场均衡发生改变。

7.2.2.2 干预效果模拟的思路

借鉴政策实施效果评价的相关研究成果，本书对土地流转市场均衡的干预效果的模拟遵循以下的思路进行，如图 7-3 所示。

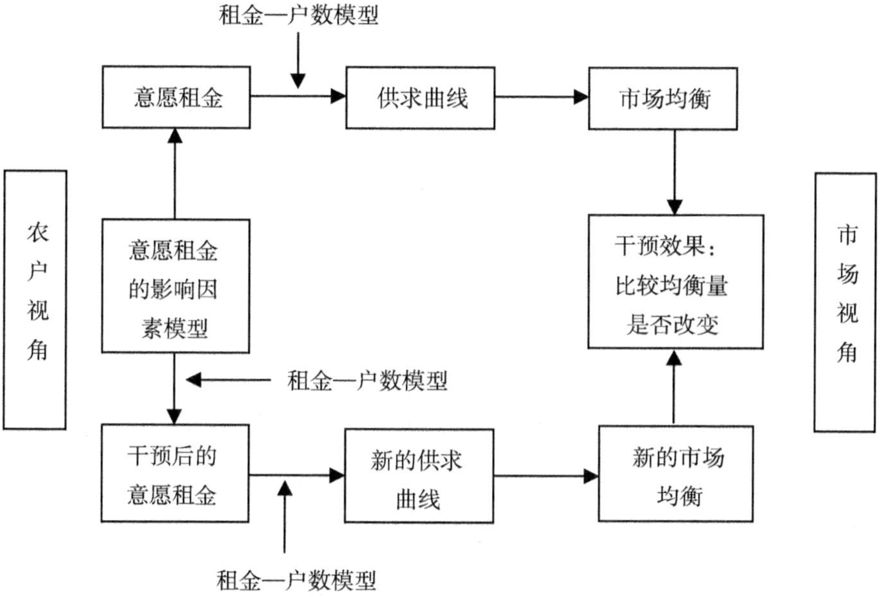

图 7-3 干预效果模拟的思路

从图 7-3 来看，本章对土地流转市场均衡干预效果的模拟大体可分为以下四个步骤：

(1)确定基准情形下土地流转市场均衡状况。首先以现有土地流转市场的均衡状况为基准状态，通过供求曲线和需求曲线计算出此时的均衡量，作为反映干预效果的参照。

(2)选择干预变量与情境设定。依据模拟干预效果的模型，从可行性和可控性的角度确定干预变量，并设计出不同情境，制定出改变干预变量的方案，为评价干预效果做好准备工作。

(3)计算不同干预方案下的土地流转市场均衡量。依照制定的干预方案，通过干预模型求解出实施各种方案干预后的效果，即不同方案中的土地流转市场均衡量。

(4)对比(1)与(3)的市场均衡量，得出结论。以现有土地流转市场的均衡量为参照，将不同情境下各个方案的均衡量与之比较，两者的差异便是对干预效果的反映。

7.2.2.3 干预效果模拟模型

本章主要借鉴经济学中的局部均衡模型建立农村土地流转市场的干预效果模拟模型(简称干预效果模拟模型)。下面对所使用模型的形式和内容进行说明：

(1)供给曲线的基本模型。

农户愿意转出租金模型：$P_s=f(X)$ (7.1)

租金—户数模型： $Q_s=f(P_s)$ (7.2)

在7.1式中，P_s 代表农户愿意转出土地时的租金水平，X 代表影响愿意转出租金的因素；7.2式与7.1式紧密相连，Q_s 表示一定租金水平下愿意转出土地的农户数。倘若在坐标系中用图形的方式表述 Q_s 与 P_s 之间关系，以 P_s 为纵坐标，Q_s 为横坐标，则 P_s 与 Q_s 描绘出的是农村土地流转市场的供给曲线。需要指出的是，本书是以农户数作为对这种供给关系的描述。

(2)需求曲线的基本模型。

愿意转入租金模型：$P_d=f(X)$ (7.3)

租金—户数模型： $Q_d=f(P_d)$ (7.4)

在7.3式中，P_d代表农户愿意转入土地时的租金水平，X 代表影响愿意转入租金的因素；7.4式与7.3式紧密相连，Q_d表示一定租金水平下愿意转入土地的农户数。倘若在坐标系中用图形的方式表述 Q_d与 P_d 之间关系，以 P_d为纵坐标，Q_d为横坐标，则 P_d与 Q_d描绘出的是农村土地流转市场的需求曲线。同样，本书是以农户数作为对这种需求关系的描述。

(3)市场均衡的基本模型。

$$Q_s = Q_d \tag{7.5}$$

在农村土地流转市场中，愿意转出土地的农户数等于愿意转入土地的农户数便形成了土地流转市场的均衡，如7.5式所示。

从7.1式至7.5式可以看出，影响农户愿意转出租金的因素和影响愿意转入的因素，如果双方都处于不变的情况下，土地流转市场的均衡会一直维持下去；而影响愿意转出租金的因素或者影响愿意转入租金的因素发生改变，农户愿意转出租金或者愿意转入租金随之作出相应的改变，土地流转市场也会形成新的供给曲线或者需求曲线，而土地流转市场此时也会形成新的均衡。由此来看，影响愿意流转租金的因素的改变量与市场均衡的改变量之间存在对应关系，从这种意义上讲，市场均衡的改变程度反映了对可控因素的干预效果。

7.2.3 干预变量的选择与情景设计

在第7章对影响愿意转出租金和愿意转入租金分析中，本书指出了影响愿意流转租金的关键因素。但是，考虑影响因素的可控性以及在政策层面的现实意义，本书对干预效果的模拟主要选取两个关键性因素——转出方的本地非农劳动力数量和转入方的年人均收入。

为了分析本地非农劳动力数量变动和人均收入变动对土地流转市场均衡的影响，本书设定了三种不同的情景来进行干预效果模拟。这三种设定的情景如下：

情景1：农村土地流转市场中需求 Q_d 不发生改变，供给 Q_s 发生改变；

情景2：农村土地流转市场中供给 Q_s 不发生改变，需求 Q_d 发生改变；

情景3：农村土地流转市场中供给 Q_s 和需求 Q_d 均发生改变。

在每种情景中，本书提出了不同的模拟方案以便于将各种方案得出的干预效果与初始状态的市场均衡量进行比较，更加全面地反映了两种因素变动所带来的影响。表 7-8 给出了不同情景下各种方案的清单。

表 7-8 农村土地流转市场干预效果的模拟方案

情景	方案	方案说明
需求不变，供给改变	方案 1	假定愿意转出方家中不存在本地非农劳动力
供给不变，需求改变	方案 2	假定愿意转入方人均收入实现最大值
	方案 3	假定愿意转入方人均收入均提高 1000 元
需求改变，供给改变	方案 4	同时满足方案 1 和方案 2 中的假定
	方案 5	同时满足方案 1 和方案 3 中的假定

7.2.3.1 需求不变，供给改变的情景方案假设

在需求不变，供给改变的情景下，本书提出方案 1，假定愿意转出土地的农户中不存在本地非农劳动力，即农户家中劳动力半工半农的状态得到改变，在本地从事非农劳动的劳动力完全脱离农业生产，成为外出务工人员。需要指出的是，由于各个家庭存在本地非农劳动力的数量不同，转移本地非农劳动力的政策对各个家庭的作用力度是不同的。对于不存在非农劳动力的家庭，愿意转出租金不会发生改变①，而存在本地非农劳动力人口较多的家庭，受到的影响比较大，租金会发生的改变较大。考虑农户家庭中本地非农劳动力数量存在差别的现实，为便于研究，本书设定第一种情景，假定愿意转出土地的农户家庭中的本地非农动力最终处于归零的状态。

① 假定转移本地非农劳动力的政策作用对象只发生在本地非农劳动力人口上，对其他就业类型的人口不会产生影响。

7.2.3.2 供给不变，需求改变的情景方案假设

在供给不变，需求改变的情景下，本书提出两种方案2和方案3。在方案2中，本书假定每个愿意转入土地的农户年人均收入均通过增长实现最大值①。需要指出的是，通过对258户愿意转入土地的农户统计得知，他们年人均收入的最大值为70030元，最小值为333元。由于年人均收入之间存在的差异较大，在方案2中，假定农户的年人均收入实现最大值，个别家庭的年人均收入会出现剧烈幅度的变动，这并非不能实现，但是可能需要一个更为长期的过程。方案2在某种意义上可以说是一种理想状态的方案。

结合郑州市年人均收入的实际，本书提出了方案3。从统计数据来看，2010年郑州市农民人均收入为7431元，2011年郑州市农民年人均收入为8219元，农民人均收入平均增长了788元②。考虑到经济发展的因素以及计算的方便性，本书在方案3假定所有愿意转入土地的农户年人均收入均提高了1000元。在某一意义上，方案3较之方案2属于基于现状的短期效果模拟，而方案2属于对长期效果的模拟。

7.2.3.3 供给改变，需求改变的情景方案假设

在这一情景下，所设定的方案是前两种情景不同方案的组合。方案4是将方案1与方案2结合，即假定愿意转出土地的农户家庭中不存在本地非农劳动力，愿意转入土地的农户年人均收入实现最大值；方案5是将方案1与方案3结合，即假定愿意转出土地的农户家庭中不存在本地非农劳动力，愿意转入土地的农户年人均收入增长1000元。

① 同样，通过对258户愿意转入土地的农户统计得知，他们年人均收入的最大值为70030元。

② 数据来源于河南统计信息网。

7.2.4 结果分析与讨论

按照上述模拟思路，我们可以得出 3 种情景下 5 种方案的模拟结果。下面主要对各个模拟方案下的结果进行分析与讨论。

7.2.4.1 模拟结果

1. 各方案下新的供求曲线

本书对干预效果模拟遵循着前文所述的步骤展开，将本地非农劳动力数量和年人均收入两个影响因素按照 3 种情景下 5 种不同方案的假定进行改变，依据式 7.1 和式 7.3 计算出新的愿意转出租金水平和新的愿意转入租金水平。

对于新的愿意转出土地的租金水平，按照 7.2 式进行数据整理，统计各个租金水平下的人数分布，并计算出愿意转出人数的向上累计频数。将意愿租金水平和与之相对应的累积频数绘制于坐标系中，便形成新的供给曲线。

对于新的愿意转入土地的租金水平，按照 7.4 式进行数据整理，统计各个租金水平下的人数分布，并计算出愿意转入人数的向下累计频数。将意愿租金水平和与之相对应的累积频数绘制于坐标系中，便形成了新的需求曲线。

由于方案 4 和方案 5 分别是方案 1 与方案 2 结合、方案 1 与方案 3 结合，在此，本书只绘出方案 1 中所形成的新的供给曲线、方案 2 和方案 3 中所形成的新的需求曲线，如图 7-4 所示。

2. 各方案的模拟结果

依据图 7-4 中描绘出新的供给曲线和需求曲线，结合 7.5 式，按照不同方案的设定，计算出各方案中土地流转市场中新的均衡量。本书将 3 种情景中各方案下的模拟结果汇于表 7-9。

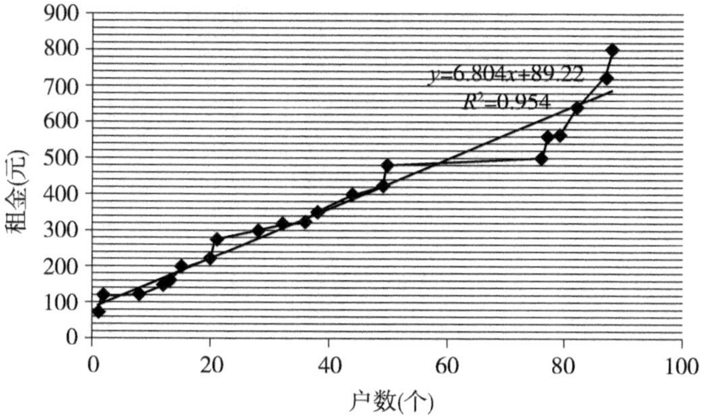

方案 1 中新的供给曲线

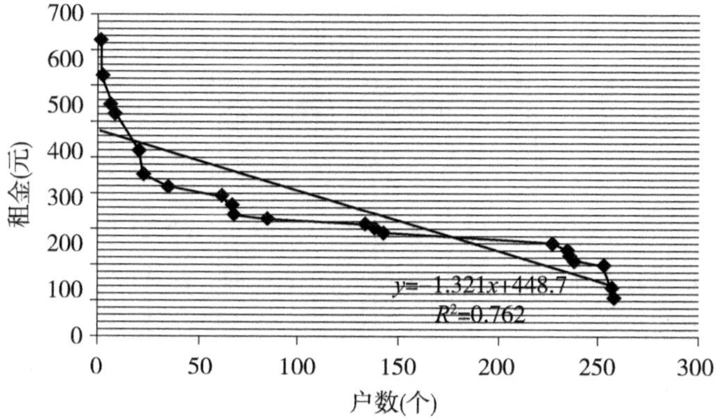

方案 2 中新的需求曲线

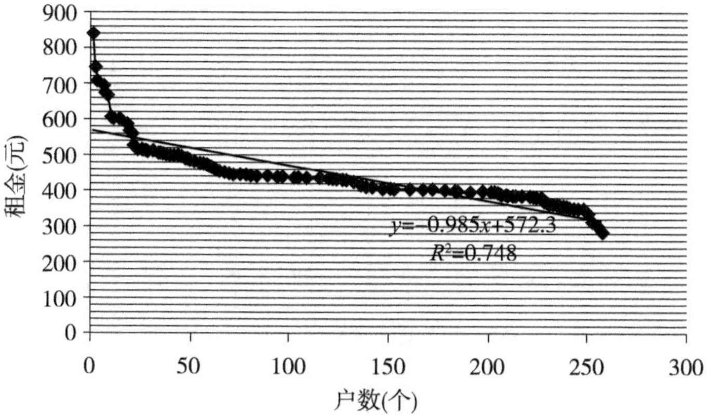

方案 3 中新的需求曲线

图 7-4　模拟方案中新的供求曲线

表 7-9　　不同情境下各方案的模拟结果

	参照组	模拟结果		
	市场均衡量	供给方程	需求方程	均衡量
方案 1	42.09	$Q=6.804\times p+89.22$ ($R^2=0.954$)	$Q=-1.321\times p+445.7$ ($R^2=0.762$)	43.87
方案 2		$Q=6.476\times p+117.5$ ($R^2=0.934$)	$Q=-0.985\times p+572.3$ ($R^2=0.748$)	60.96
方案 3		$Q=6.476\times p+117.5$ ($R^2=0.934$)	$Q=-1.321\times p+448.7$ ($R^2=0.762$)	42.48
方案 4		$Q=6.804\times p+89.22$ ($R^2=0.954$)	$Q=-0.985\times p+572.3$ ($R^2=0.748$)	62.02
方案 5		$Q=6.804\times p+89.22$ ($R^2=0.954$)	$Q=-1.321\times p+448.7$ ($R^2=0.762$)	44.24

注：参照组中的供给方程为 $Q=6.476\times p+117.5$($R^2=0.934$)；需求方程为 $Q=-1.321\times p+445.7$($R^2=0.762$)，当供给等于需求时，计算出市场均衡量。

从表 7-9 我们可以看出，参照组(即没有对相关影响因素进行干预时的土地流转市场)的市场均衡量为 42.09；方案 1 计算出的土地流转市场均衡量为 43.87；方案 2 计算出的土地流转市场均衡量为 60.96；方案 3 计算出的土地流转市场均衡量为 42.28；方案 4 计算出的土地流转市场均衡量为 62.02；方案 5 计算出的土地流转市场均衡量为 44.24。

7.2.4.2　讨论

从表 7-9 干预效果的模拟来看，我们不难发现：

在方案 1 中，假定影响愿意转入租金的因素保持既定，改变影响愿意转出租金的因素——减少本地非农劳动力。此时，土地流转市场形成的市场均衡量为 43.87，大于参照组中的均衡量 42.09，验证了供给因素变动对市场均衡的影响。即假定需求不变，供给增加可以增加市场均衡量。

在方案 2 和方案 3 中，假定影响愿意转出租金的因素保持既定，改变影响愿意转入租金的因素——增加农户的人均收入。在方案 2 中，当农户年人均收入增加剧烈，全部达到最大值时，土地流转市场形成的市场均衡量为 60.96，远远大于参照组中的市场均衡量 42.09；在方案 3 中，当农户年人均收入均增加 1000 元时，土地流转市场形成的市场均衡量为 42.48，也大于参照组中的市场均衡量，只是均衡增加量有限。方案 2 和方案 3 从农户人均收入的不同变动幅度验证了需求因素变动(增加)对市场均衡(均衡量增加)的影响。同时，我们对比方案 2 和方案 3 也可以发现这样一个结论：由于方案 2 中影响愿意转入租金的因素——农户的年人均收入相对于方案 3 变动幅度较大，方案 2 中所形成新的市场均衡量相对方案 3 中新的市场均衡量变动幅度也较大。

在方案 4 和方案 5 中，假定影响愿意转出租金的因素保持和影响愿意转入租金的因素同时发生改变。按照方案 4 中的假定，土地流转市场形成的市场均衡量为 62.02，远远大于参照组中的市场均衡量 42.09；按照方案 5 中的假定，土地流转市场形成的市场均衡量为 44.24，也大于参照组中的市场均衡量，只是均衡量的增加相对较小。因此方案 4 和方案 5 验证了供给因素和需求因素同时变动(增加)对市场均衡(均衡量增加)的影响。

同时，由于方案 4 中的假定是方案 1 和方案 2 中假定的组合，方案 5 中的假定是方案 1 和方案 3 中假定的组合，我们将方案 4 与方案 1、方案 2 作比较；将方案 5 与方案 1、方案 3 作比较。于是，我们不难发现这样一个结论：当两种影响因素均发生改变时，所形成的市场均衡量，大于任一影响因素改变时形成的市场均衡量。在方案 4 中，当两种影响因素均发生改变时，所形成的市场均衡量 62.02，大于任一影响因素改变时(方案 1 和方案 2)形成的市场均衡量 43.87 和 60.96。同样，这一结论对于方案 5 也适用，在方案 5 中当两种影响因素均发生改变时，所形成的市场均衡量 44.24，而只改变任一影响因素时(方案 1 和方案 3）形成的市场均衡量 43.87 和 42.48。显然，方案 5 中的市场均衡量大于方案 1 或者方案 3 中的市场均衡量。

由此来看，将各个方案中市场均衡量的模拟结果与未进行干预时的市场均衡量进行比较分析，不难发现各因素按照与意愿租金的影响方向进行相应干预后，土地流转市场的均衡量均高于未进行干预时的市场均衡量。因此，前文所列出的需要验证的内容是成立的，也是符合经济学相关理论的。

7.3 本章小结

本章首先基于完全竞争市场假设，使用不同意愿租金下愿意转出和愿意转入的农户数来描述这一理想状态下的土地流转市场的供给与需求曲线。通过对比市场分割与市场统一情形下的市场均衡量之间的关系，我们发现，在完全竞争的前提下，市场分割与土地流转的实现存在并非单向的联系，可以从均衡租金和供求曲线斜率的角度给出土地流转量与流转范围之间存在一种正相关关系的条件。

从整体验证结果以及两两形成统一市场的结果来看，在多数情形下，当单个的土地流转市场，打破村庄这一行政区域的界限，和其他单个的土地流转市场形成统一市场时，市场均衡量往往会增加。但是需要指出也有例外的存在，如表 7-7 中，当北堤村分别与桑家沟以及瓦坡村形成统一的市场时，统一市场的均衡量却小于单个市场均衡量之和。这可能与北堤村一些特殊性分不开。从图 7-1 以及表 7-5 中我们可以看出，北堤村和桑家沟村形成的供给曲线是最为陡峭的，而北堤村和瓦坡村形成的需求曲线是最为平坦的。也许正是上述原因造成了北堤村与桑家沟以及瓦坡村形成统一市场后均衡量反而降低的情形。然而尽管存在这一例外，但并不妨碍指向性结论的得出，即在多数情形下当单个的土地流转市场和其他单个的土地流转市场形成统一市场时，土地流转市场的均衡量往往会增加。因此，在多数情形下建立统一的区域性有形市场具有必要性与有效性。

依据第5章的研究结论，我们从意愿转出农户意愿租金的影响因素和意愿转入农户意愿租金的影响因素中选取本地非农劳动力和年人均收入两个可控性指标进行政策干预。在不同的情景中，我们对干预变量设定了不同的干预方案，测定租金对干预变量的反映，并采用意愿租金与意愿流转农户数的关系构建了土地流转市场的供求模型，使用局部均衡的方法求解农村土地流转市场的均衡量，通过比较干预前后市场均衡量的变化来反映政策干预的效果。通过以上进行的模拟分析，我们可以得出如下结论：

(1)在需求不变的情况下，转出方家中本地非农就业劳动力的减少(流转土地的供给增加)，能够引起农村土地流转市场中均衡量的增加。

(2)在供给不变的情况下，转入方农户年人均收入的增加(流转土地的需求增加)，能够引起农村土地流转市场中均衡量的增加。

(3)在供给和需求同时发生改变的情况下(同时增加)，即转出方本地非农就业劳动力减少(流转土地的供给增加)，同时转入方农户年人均收入增加(流转土地的需求增加)，也会使农村土地流转市场中均衡量增加。而且此种情况均衡量的增加幅度，大于单独改变任一因素时土地流转均衡量的增加幅度。

上述结论指出了转出方本地非农劳动力和市场均衡量之间的关系以及转入方农户人均收入与市场均衡量之间的关系。从政策层面上讲，以上结论也将对政府的相关政策实施方向产生指引作用。为了促进农村土地流转市场均衡量的增加，政策努力的重点应该放在通过劳动力转移减少本地非农劳动人口以及通过各种渠道增加农民收入上。但需要特别指出的是，本章对政策干预效果的模拟和其他模拟预测一样，是在一定条件下对调研数据的理论模拟。在现实中，各种影响因素的变化一般要比模拟情景中预先设定的方案复杂的多，但这并不妨碍本章研究结论对政府相关政策的指引性作用。

第 8 章　结论与政策性建议

8.1　主要结论

农村土地流转是中国经济社会发展的客观需要，也是农民(农户)自主意愿的表达，并且已经进入国家政策鼓励和法律规范阶段，然而在现实中土地流转并未呈现期望中的良好发展格局，流转规模仍然较小、农地流转比例与农户参与比例仍然偏低，普遍存在具有流转意愿的农户未能实现流转的现象。造成这一现象的原因是什么？政府又应当采取怎样的政策措施促进农户流转意愿的实现？从宏观层面看，我国农地流转多发生在村庄内部，以村庄为单位的分割型市场导致的高昂交易成本阻碍了土地流转交易的实现；从微观层面看，农户是农村土地流转的决策主体，必须强调农户的主体地位、注重倾听农户的声音、深入了解农户真实的土地流转需求，只有把握住农户流转意愿与行为的特殊影响因素，对其加以正确引导，才有可能促进农地流转的顺利实现。基于此，本书把宏观视角和微观视角相结合，依据河南省郑州市、巩义市、中牟县四个村庄的 677 户农户调查数据，在深入分析市场分割下农户农地流转交易特征的基础上，甄别出影响农户农地流转意愿与决策行为的关键因素，通过情景模拟市场统一对农户农地流转交易均衡的影响并选择关键的可控性因素进行政策干预，进而提出针对性的促进和规范农地流转的政策建议。

8.1.1 农户农地流转意愿与实际流转行为之间存在明显偏离

鉴于我国农村土地承包经营权流转的基本原则是以尊重农户流转意愿为前提，针对农户农地流转意愿是否充分实现的问题，我们利用农户调查数据从农户角度来设计判定方法，即将农户参与农村土地承包经营权流转的意愿与实际发生的流转行为之间是否存在偏离进行统计分析。

对河南省郑州市、巩义市、中牟县四个村庄的677户农户的土地承包经营权流转意愿及其实现情况的抽样调查结果显示：愿意转入或转出土地承包经营权的农户数为346户，占样本总数的51.1%；331户农户表示不愿意转出或者转入土地，占样本总数的48.9%；135户实际参与了土地承包经营权流转，农户参与土地流转的比例为20%，较愿意参加流转的农户(346户)减少了211户；542户未能实际参与流转的农户，较不愿意参加流转的农户(331户)多了211户；在346户愿意参与土地流转的农户中，88户农户表示愿意转出土地，258户表示愿意转入土地；而在135户实际参与土地承包经营权流转的农户中，56户属于转出土地，79户属于转入土地；愿意将土地转出而现实中也实现转出的农户有56户，转出意愿与现实行为一致的农户占愿意转出土地农户的比例为63.6%；愿意转入而现实中也实现土地转入的农户有79户，转入意愿与行为一致的农户占愿意转入土地农户的比例为30.6%。由此看来，农户参与土地流转的意愿与实际发生的流转行为之间存在明显偏差，愿意转出和愿意转入土地承包经营权的户数均高于实际转出和转入土地承包经营权的户数，即农户参与土地承包经营权流转的意愿未能充分实现。

8.1.2 农地流转市场的分割与不完善阻碍了农户农地流转意愿的实现

通过村干部访谈和问卷调查以及实际发生农地流转行为的135户农

户耕地流转范围的问卷统计，我们发现，四个村村干部在谈到本村耕地流转范围时均明确表示几乎全部是本组或本村，比例大致为 95%～97%，本乡外村比例大约为 2%～5%，只有一个村干部提到有本乡镇之外的情况；而 135 户实际参与农地流转的农户中(56 户转出户和 79 户转入户)，选择本组和本村外组的农户为 130 户，比例高达 96.3%，选择本乡外村的有 3 户(经进一步询问得知流转方是相邻村庄的亲戚或熟人)，选择本县外乡的只有 2 户(经仔细询问得知是远方亲戚)。由此可以判定，样本村的农地流转基本局限于村庄内部，处于严重的市场分割状态。同时，对于四个村庄我们均使用意愿租金和意愿流转农户户数描绘出村内流转市场的供给曲线和需求曲线，并计算所形成的土地流转市场均衡量。四个不同村庄的实际转入和实际转出户数与村庄内部意愿租金下的均衡流转量之间存在明显差异，村内实际流转量均小于意愿租金下的市场均衡量，这在一定程度上也证实了土地流转市场处于市场分割与市场不完善状态的事实。

农村土地流转市场的市场分割与不完善造成意愿租金下的均衡量与实际流转农户数之间存在差异。那么农村土地承包经营权流转市场的市场分割与不完善是如何作用于农户土地流转的过程而致使差异产生的？我们主要从农户农地流转交易前、交易中以及交易后的决策行为来分析、解释。由于土地流转的交易成本难以定量衡量，这里我们利用农户调查数据，基于交易范围、交易价格、交易规范性视角分析市场分割与不完善对农户农地流转意愿实现的影响，结果表明：流转局限于村庄内部时，即便双方都有流转意愿，但也会因为交易对象的可选择空间小、交易对象不匹配而无法最终达成交易；价格形成机制的缺失和合理的价格评估机构的缺乏，造成土地流转同质不同价，价格的混乱造成交易实现的困难；交易不规范存在违约风险，同时缺乏相应的纠纷调解与处理机构，流转双方对交易实现的预期降低致使交易难以实现。因此，土地流转市场的市场分割与不完善影响和制约农户土地承包经营权流转意愿转化为实际流转行为，导致土地流转只能在低水平下重复进行。

8.1.3 流转价格是影响农户农地流转行为的最关键因素

实证分析结果表明，在农户劳动力人数、户主年龄、户主文化程度、家庭承包地总面积、家庭重要人员年龄、家庭重要人员文化程度、土地流转价格和2011年本地非农收入等八个可能影响农户农地流转行为的因素中，流转价格是影响农户流转行为的最关键因素，而且只有流转价格一个指标通过了显著性检验，它在1%的显著水平上影响农户的农地流转决策；而农户家庭禀赋、户主情况以及本地非农收入等因素在1%、5%和10%的显著水平上均未通过检验。当然，这也可能和我们在构建模型时没有选择把转出农户和转入农户分开进行计量分析相关，根据文献综述部分的分析，影响农户农地转入意愿和农户转出意愿的因素具有明显差异，但现有研究缺乏对转入方农户和转出方农户共同影响因素的分析，故我们这里把转入方农户和转出方农户不加区分来探讨影响农户农地流转行为的共同影响因素，这样可以为政府的相关决策提供参考借鉴，研究结果可能更具现实意义。

实证分析结果与我们的农户访谈与问卷调查结果高度一致，88个意愿转出农户中未实现土地转出意愿的共有53户(35户实际转出土地)，在关于“您愿意转出而没有转出土地的原因”问题的回答中，53个有转出意愿但实际未转出土地的农户全部选择了“转出价格太低”的选项，其中45户把这一选项排在第一位，比例高达85%；而258个意愿转入农户中未实现土地转入意愿的共有179户(只有79户实际转入土地)，在关于“您愿意转入而没有转入土地的原因”问题的回答中，179户有转入意愿而实际未转入土地的农户中共有165个农户选择“转入价格太高”，比例高达92%，而其中150户把这一选项排在第一位，占全部179户农户的比例接近84%，占选择“转入价格太高农户”的165户农户的比例高达91%。因此，无论意愿转出农户还是意愿转入农户，其流转意愿实际未能实现的关键因素都是流转价格问题，意愿流转价格和实际流转价格的偏差严重影响了农户的实际流转行为。

同时，对比愿意转出土地农户的意愿租金水平分布和愿意转入土地农户的意愿租金水平分布，两者的租金分布区间并不匹配，差异明显：愿意转出土地的农户相对集中的租金水平高于愿意转入土地农户相对集中的租金水平。影响意愿转出农户意愿租金的关键因素是本地非农劳动力、户主从事非农经营的能力以及流转前土地的用途；而人均收入、农户家庭中劳动力数量、参与非农经营的劳动力数量以及从事非农经营的收入是影响农户意愿转入租金的关键因素。由于供给方农户愿意转出土地时要求的租金水平往往高于需求方农户意愿转入土地时愿意支付的租金水平，为了促使土地流转交易达成更高的水平，需要使土地流转供求双方的租金要求趋于一致，故如何提高意愿转入农户愿意支付的租金水平和降低意愿转出农户所要求的租金水平应成为相关政策的重点方向。

8.1.4 在一定条件下，统一市场的形成可以提高土地流转市场的均衡量

基于完全竞争市场假设，使用不同意愿租金下愿意转出和愿意转入的农户数来描述这一理想状态下的土地流转市场的供给与需求曲线。通过对比市场分割与市场统一情形下的市场均衡量之间的关系，我们发现，在完全竞争的前提下，市场分割与土地流转的实现存在并非单向的联系，可以从均衡租金和供求曲线斜率的角度给出土地流转量与流转范围之间存在正相关关系的条件。从整体验证结果看，由四个村庄形成整体统一市场的均衡量大于四个村庄为单个市场时的均衡量之和；而从两两形成统一市场的结果来看，在多数情形下，当单个的土地流转市场打破村庄这一行政区域界限，和其他单个的土地流转市场形成统一市场时，市场均衡量往往会增加。因此，在多数情形下建立统一的区域性有形市场具有必要性与有效性。

8.1.5 实施一定的政策干预后，土地流转市场的均衡状况改变明显

由于流转价格是影响农户流转行为的最关键因素，而影响意愿转出农户和意愿转入农户意愿流转价格的因素差异明显，这里我们分别从意愿转出农户意愿租金的影响因素和意愿转入农户意愿租金的影响因素中选取本地非农劳动力和年人均收入两个可控性指标进行政策干预。在不同的情景中，我们对干预变量设定了不同的干预方案，测定租金对干预变量的反映，并采用意愿租金与意愿流转农户数的关系构建了土地流转市场的供求模型，使用局部均衡的方法求解农村土地流转市场的均衡量，通过比较干预前后市场均衡量的变化来反映政策干预的效果。通过模拟分析，我们可以得出如下结论：

(1)在需求不变的情况下，转出方农户家中本地非农就业劳动力的减少(流转土地的供给增加)，能够引起农村土地流转市场均衡量的增加。

(2)在供给不变的情况下，转入方农户年人均收入的增加(流转土地的需求增加)，能够引起农村土地流转市场均衡量的增加。

(3)在供给和需求同时发生改变的情况下(同时增加)，即转出方本地非农就业劳动力减少(流转土地的供给增加)，同时转入方农户年人均收入增加(流转土地的需求增加)，也会促使农村土地流转市场中均衡量增加。而且此种情况下市场均衡量的增加幅度，大于单独改变任一因素时土地流转均衡量的增加幅度。

8.2 创新探索

农户农地流转意愿与行为是当前的经济热点之一，也是难点，笔者在研究过程中，从以下三个方面进行了创新探索：

一是研究视角的创新探索。从宏观层面看，农户土地承包经营权流转的发生在现实中大多局限于村庄内部，即农村土地承包经营权流转处于市场分割状态；从微观层面看，农户是农村土地承包经营权流转的主体，必须注重倾听农户的声音、深入了解农户真实的土地流转需求、尊重农户的农地流转意愿。已有研究大多是对农户农地流转的满意度、农户农地流转意愿与行为的影响因素等进行简单的实证分析，很少有文献从经济学角度对我国农村土地流转市场和农户农地流转决策行为进行统筹分析，本书则从宏观的流转市场层面和微观的农户层面对农地流转意愿实现情况及实际的农户流转行为进行系统梳理，把研究置于更现实、更具体的基础之上。

二是研究数据与研究方法的创新。以往的相关研究，大多采用官方公布的统计年鉴、调查年鉴或农村固定观察点的调查数据，本书以样本村庄和农户为调查对象，实施了广泛而深入的村干部和农户访谈与问卷调查，在获得第一手农户土地流转意愿与行为数据的基础上进行分析论证，探求农户土地流转具体而真实的微观动因。同时，把微观的农户调查数据与公开的宏观统计数据进行分析对比也更具说服力。同时，本书基于完全竞争市场的假设前提，利用经济学中的供求理论和局部均衡分析方法，假定农户土地承包经营权流转市场与其他市场互不相关，依据农户土地流转的意愿租金水平以及各租金水平下对应的意愿流转农户数来拟合土地流转市场中的供给曲线与需求曲线，进而求出农村土地承包经营权流转市场的均衡量和均衡价格。从研究方法看不失为一种尝试和创新。

三是理论创新。本书提出了土地承包经营权流转市场的市场分割概念和判定方法。同时，基于完全竞争市场假设，模拟分析理想化的统一市场的形成，比较市场统一下的土地流转均衡量与市场分割下的土地流转均衡量，验证以村为单位的分割性市场和打破分割而形成的统一市场对农户土地流转意愿实现的不同影响，可望为建立土地流转有形市场提供理论解释与政策依据。考虑到目前全国各地纷纷建立土地流转有形市场的现实，可以算是对宏观的农村土地流转市场建设的一个创新性探索研究。

8.3 不足之处及需要进一步研究的问题

首先，如果想要构造一个真正具有普适价值的、能够被其他研究者所借鉴使用的农地流转研究范式，所需要进行的检验是大量且繁复的。但是，受限于时间、精力及能力，本书仅仅截取了“农地流转”过程中的两个层面——“流转市场竞争程度和不完善性对农户农地流转行为的影响”以及“农户农地流转行为的影响因素以及流转双方意愿租金的影响因素”进行实证检验，研究视角限于宏观和微观层面的经济学分析。但农村土地流转不仅限于市场和农户视角，农户不仅依据经济行为作出决策，由于农户的收入普遍较低，农地还具有非农业就业不稳定下的保障功能；加上农村是特殊一类的社区，还要考虑地缘、亲缘等因素，深入的研究还应该涉及地理学、社会学、心理学等相关学科的知识，这无疑使得本书范式的普适性需要进一步验证。

其次，限于时间和数据资料的可得性，样本数量较小且只限定在河南省巩义市和中牟县，只能代表河南省及其相似的中部地区的农地流转情况，很难完美地代表全国的情况。在关于土地转入方的调查中只涉及农户而未涵盖农民专业合作社、农业企业等规模经营主体。而小样本的研究想要得出一般性结论，具有很大的局限性，也可能带来研究结果的偏差。若在今后的研究中，能够丰富调研地区的类型、扩大调研范围、增加样本数量，并将相关研究结论进行横向对比，寻找出共性和差异，则将是一件有意义的事情。

再次，调查数据仅仅是某个时间点数据，缺乏相对完整的较长时间段的农户农地流转行为的时间序列研究，很难揭示出农户农地流转行为的动态变化规律，从而也影响了政府相关政策的连贯性和持续性。时点数据使得在较长时间段内才能关注到变量差异难以表现出的显著性，比如，通过干预农民收入影响土地流转的实现就只有在较长时间段内才能显现出差异。本书中所使用的数据为 2012 年调研的 2011 年的横截面数据，由于采用的是一次性调查获得的截面数据，所以无法进行反映动态变化的纵向分析，使得对市场不完善带来的影响分析不够深入、全面。若经历一段时间后，对这些村庄的农户进行后续跟踪调查，构成面板数据，进行纵向分析，则得出的结论对于促进农户土地流转意愿的实现更具有现实意义。

最后，本书仅仅分析了农地流转市场的市场分割以及理想的市场统一对农户农地流转行为的影响，但缺乏对市场分割程度的定量分析，也未深入分析不同市场分割状况对农户农地流转行为影响的差异性，这将是作者继续努力的方向。同时，基于土地流转的农业适度规模经营、培养新型农业经营主体是未来国家三农政策关注的焦点，也逐渐成为学术界、理论界的研究热点，但是土地流转如何促进农业适度规模经营即促进机制和运行机理是什么？适度规模经营中的“适度”如何科学界定、如何从理论和实证计量方面论证其有效性？农民专业合作社、农业企业、农业经营大户、家庭农场等新型农业经营主体在土地流转和适度规模经营过程中的差异性何在？其在未来国家农业生产经营格局中的地位如何，国家的扶持是否区别对待及如何区别对待？这些都应是下一步需要研究和探讨的问题。

8.4 政策性建议

农村土地流转是农村经济社会发展的客观要求，农村产业结构与就业结构的变化、农户人口与农业生产能力的变动、农业适度规模经营必然要求土地流转，而市场机制是实现土地流转的最佳选择，土地流转的市场化是农村社会主义市场经济历史的和逻辑的发展（杨学成、曾启，1994；冷崇总，1999）。以市场化为基础的农地流转制度改革是世界各国农地制度改革的主要方向，有效的供给主体、需求主体和交易环境有利于我国农村土地承包经营权流转市场的培育，而农户流转意愿的实现则有赖于广大农村地区建立发达的农地承包经营权流转市场。首先，必须建立统一开放的农村土地流转市场以形成有效竞争机制、构建科学合理的土地流转价格体系以形成良好的价格机制、激活农地流转的供给和需求以形成合理的供求机制。其次，农户农地流转虽然本质上是一种市场交易行为，但由于市场经济的缺陷容易导致“市场失灵”，特别是在中国广大农村地区，必须强调政府在农地流转过程中的规划、引导、管理职能。最后，农户是农地流转的主体，必须重视发挥农户农地流转的积极性、主动性和能动性，提高农户的自主发展能力。

8.4.1 培育和建设统一开放的农村土地流转市场

长期以来，我国农村土地流转市场发育缓慢，土地承包经营权流转往往处于自发流通和无序流通的状态，不能满足农村发展规模经营的要求。因此，建立农村统一的土地流转交易平台，对改变土地流转的现状具有重要意义。2008 年，中共十七届三中全会在《关于推进农村改革发展若干重大问题决定》中明确提出“建立健全土地承包经营权流转市场，要加强对土地承包经营权流转的服务和管理”，这为农村土地流转有形市场和服务组织的建立提供了政策支撑。

一是培育和建立统一开放的农地流转有形市场。由于农村土地的不可移动性、农户土地承包经营权的物权性质、农村社会文化传统等因素的影响，特别是国家相关法律法规对农户土地承包经营权流转条件的限制，造成农户土地承包经营权流转的发生在现实中大多局限于村庄内部，而在市场分割的条件下，市场的供求、价格、竞争等机制不能充分发挥作用，影响农户农地流转意愿的实现。建立统一开放的农村土地承包经营权流转市场就是要使市场机制在农户农地流转过程中发挥资源配置的基础性作用，使农户的农地流转不仅表现为时间和空间上的一致性，而且还表现在市场的开放性、市场环境的竞争性和公平性、市场规则的统一性以及排除行政干预和权力的影响，具体而言就是要打破流转区域、交易主体等方面的限制，使农户农地承包经营权可以跨区域自由选择流转对象进行交易，在良好的竞争、价格和供求机制的作用下，逐步迈向市场的统一性、开放性、竞争性和公平性。

二是建立健全农地流转的服务机制。积极培育农地流转的中介服务组织，以专业化、规模化运作降低农地流转的交易成本；建立农地流转的信息公开机制，通过增加农地流转的透明度，降低信息搜寻成本；构建土地资产评估机制，通过科学定价以降低农地流转的谈判成本；建立农地流转的纠纷调解机制，及时解决流转中出现的争议与纠纷，有效降低土地流转的监督成本，确保农村社会稳定。

三是创新农地流转的管理机制。把农地流转与土地利用规划相结合，通过农地集中连片和综合整治，为农地流转创造有利条件；建立健全农户自愿签订流转合同、村级组织审核同意、乡镇级流转服务组织批准并依法鉴定的机制；建立农地流转申请、登记、备案制度，规范和严格农地流转的程序；创新农地流转的监督机制，对流转后的农地使用情况进行定期和不定期检查，防止不合理使用造成土地质量退化、杜绝擅自改变用途的非法行为。

四是建立农地流转的风险防范机制。农业的弱质性和风险性导致农地流转的风险较大，应积极构建农业风险预警机制，加大对气象、畜禽疫病、病虫害防治、市场信息的预测预报力度；充分发挥农经站等涉农部门对先进农业技术的普及、推广作用，防范相关的技术风险；完善农业救济与保险制度，扩大农业政策性保险的范围，降低或免征部分税金，对关系国计民生的粮食种植保险业务实行适度补贴。

8.4.2 构建合理的土地流转价格机制

价格是市场机制运行的核心。对农村土地流转市场而言，它的健康运行同样离不开价格机制的驱动。农村土地流转价格的高低对农户的流转行为产生直接影响，从本书对郑州市四个村庄的土地流转市场的分析来看，流转价格基本上是由村集体（干部）或农户自己与交易方协商达成的协议价格，定价比较随意、缺乏规范性，并非由市场供求竞争而形成的价格。同时，农户流转土地时并没有基准价格可以参考，更没有相关的价格评估与监督制度，很容易导致流转市场的价格失真，形成相同地块价格差异明显的不合理现象。因此，为了规范和促进农地流转市场健康发展，必须要构建土地流转价格机制来调节土地流转市场的供求，具体包括以下几个方面：

一是要构建以流转主体定价权为主、政府指导价和中介机构评估价为辅的价格形成机制。确保农户农地流转的主体地位，首先就是要确保农户农地流转价格的决定权，充分给予农户根据市场供求、竞争、交易对象等自主定价的权利，减少甚至杜绝村集体（干部）对流转价格的干预，使农地流转价格尽可能反映其稀缺程度，实现流转价格的市场化。但是，由于农户自身认知能力的局限，其农地流转定价可能很难反映市场价值进而导致利益受损，故必须由政府指导价和中介机构的评估价来发挥指导和辅助作用，政府应积极开展农地的分等评级工作，建立科学实用的农地流转价格评估体系，根据农产品的成本收益资料确定合理的“农地流转基准价格”，而第三方的中介组织也应发挥其专业知识优势，根据地块区位、肥力、流入方及用途等形成独立的评估价，政府指导价和中介组织的评估价可以为农地流转交易双方合理确定协议价格提供决策参考，提高流转的规范性和交易的公平性，充分保障流转双方的权益。

二是建立健全农地流转的价格信息机制和价格增长机制。流转价格信息的透明、公开是价格机制发挥作用的前提，故地方政府及相关部门或机构必须定期收集和定期公布土地流转价格信息的动态变化，包括农地流转的交易主体、交易价格、交易总体概况等等，可以为农户合理评估土地流转提供依据和指导。同时对于流转期限比较长的流转交易要合理确定流转价格的时间增长方式，根据农业生产的周期性特点和物价水平的波动特点，动态调整农地流转价格，建立土地流转价格和土地收益同步增长机制，农地流转价格增长比例原则上不应低于当地同期的 GDP 或 CPI 增长比例，价格的具体增长方式可以采取“级差递增方式”，即以每亩每年增加若干元或若干粮食的方式执行。

三是建立农地流转价格的监测与监督机制。地方政府及相关部门应加强农地流转价格的监测，实时掌握农地流转价格的变动及趋势，跟踪反馈政府指导价对农地流转价格的影响，以便及时调整政府指导价提高其反映农地流转价值的准确程度，提高政府指导价的公信力。同时，对土地流转过程中的价格欺诈、不公平定价等非正常行为进行专项调查，加强市场价格监管，依法查处各种不正常价格行为，对农地流转主体、中介组织进行价格政策宣传，促进行业自律、倡导价格诚信。另外，对于农地流转过程中的价格纠纷，可以成立类似于“12358”的价格举报平台，及时受理各种价格投诉，注重用协商调解方式解决纠纷，维护流转双方的合法权益。

8.4.3 激活土地流转供给和需求的动力机制

首先，基于“三化”协调发展，激活土地流转供给的动力机制。愿意转出土地的农户家中存在本地非农劳动力，也就是该农户家庭中的部分劳动力处于一种半工半农的兼业状态。因此，这类农户的家庭收入既有来自于在本地从事劳动的务工收入，也有从事农业生产经营的收入，这两部分收入是基于农户家庭劳动力资源的分配而互相依赖的。倘若这类农户表示愿意将土地流转出去，表明他们试图减少劳动力在农业生产劳动时间上的分配而愿意增加在务工上的劳动投入。本书的实证分析结论指出，减少转出方本地非农劳动力可以增加土地流转市场均衡量。从政策层面上讲，这也将对劳动力转移政策的实施方向产生指引作用。为了促进农村土地流转市场均衡量的增加，从土地流转愿意转出方的角度来讲，政策努力的重点应该放在降低农村劳动力中兼业人口的比重上。

针对具有转出土地意愿的农户，要减少家庭中从事兼业劳动的人口，本质上就是要这些兼业人口获得一个稳定持久的非农就业机会，从而放弃农业生产劳动。

为了实现上述目标，在政策取向方面，应把土地流转与农业现代化、工业化、城镇化协调发展相结合，努力发展多元化产业，激活土地供给的动力机制：一是积极招商引资兴办产业集聚区，通过发展第二三产业和民营经济，为农民广开就业渠道，推动农民和土地的分离；二是加快新型城镇化建设，形成以大城市为核心、以中等城市为骨干、以小城市为纽带和以中心镇为细胞的多层次的城镇空间体系，推动农民和农村的分离，为转移出去的劳动力提供最终的归宿。当然，必须消除农民非农就业的各种制度性障碍，如可考虑制定各种优惠的配套政策，如"土地换社保"、户籍改革、城镇公益性岗位优先安排给流转土地的农民等，吸引更多农村劳动力进城进镇务工经商，促进劳动力的就地转移；三是强化农村职业教育与培训。在注重农村义务教育的同时，应强化农村劳动力的职业技能培训，培养与造就有文化、懂技术、善经营、会管理的新型高素质农民，增强其创业能力、致富能力和市场竞争能力，为顺利开展土地流转提供强有力的人才保证；提高农民工和失地或无地农民的转产转岗就业能力，加大再就业培训工作力度，提高农民工的劳动技能，使他们获得更加广泛的就业机会，提高就业层次；大力发展劳务经济，实施免费培训的"阳光工程"，有组织地向外输出劳动力，实现农村劳动力的跨区域和跨国转移，从而带动土地流转。同时，成功的土地流转又解决了外出农业劳动力的后顾之忧，促进了农村劳动力的转移，形成了"人地互动"的良性循环。

其次，积极培育规模经营主体，激活土地流转需求的动力机制。农户是土地利用的最基本、最直接单元，他们的生产经营行为是农村产业结构调整、土地资源可持续利用与农业绩效提高的微观基础。目前，农村土地流转大多还是在亲戚朋友、左邻右舍之间进行，土地的细碎化状态没有得到根本改变，农业生产依然是分散的、小规模的经营方式。部分农民仍把土地作为非农业经营风险的退路，多数农地流转是短期的，甚至没有明确具体的流转期限，转出农户随时可以收回转出的土地。当前，在大力推进新农村建设和发展现代农业的时代背景下，农村土地使用权的流转既是促进农民增收、提高资源配置效率的重要手段，也是促进农业规模化经营、推进农村结构优化调整的基本途径。基于此，政府应引导农地流转向规模经营主体集中，促进土地经营方加大对土地的长期投资。

农业种粮大户和经营大户、家庭农场、农民合作经济组织、农业产业化龙头企业等规模经营主体对土地流转的引领和带动能力十分明显，可以通过加强培训、典型示范、政策扶持、资金支持等方式，提升农业经营大户的农业生产能力和种粮大户的种粮积极性；出台具体扶持政策，循序渐进地规范发展壮大专业合作社、农机合作社等农民专业合作经济组织；积极发展农业产业化，增强农业龙头企业的辐射带动能力。同时，坚持流转空间的开放性原则，推动跨地区、跨行业的流转，有限制地吸引外部企业进入。通过培育各种形式的规模经营主体，扩大土地流转的需求，带动土地的规模流转，提升土地流转的规模、速度和效益。

8.4.4 积极发挥政府农地流转的规划、引导、服务和管理职能

农户农地流转本质上是一种市场交易行为，但由于市场经济的缺陷容易导致“市场失灵”，故政府参与农地流转过程并发挥宏观调控作用成为必然。从国外农地流转的实践看，无论农业及农地流转相关法规的出台与修改、农地流转相关政策的制定，还是对农民权益的保护，政府都发挥着非常重要的作用。在中国现实的政治集权体制和农地集体所有制下，如果没有政府的参与和推动，很多事情都无法进行，特别是土地制度的二元分割和政府管制，土地流转和适度规模经营更少不了政府的参与。政府的参与或介入有利于引导和规范农户农地流转行为，既可以防止土地兼并、保护

农民权益，又可以提升农地流转的规划程度，实现农地资源的合理流动和高效利用。但是政府参与或介入农地流转必须保持合理边界，明确角色定位。实践证明，当政府角色定位准确，恰当地履行政府职能时，对农地流转就会产生积极的促进作用；而当政府角色的偏位、政府职能缺位、越位时，就会阻碍农地流转的进程。因此，既要发挥政府在推动土地流转和规模经营中的积极作用，又要规范政府的行为。

政府在农村土地流转中的角色定位应该是规划者、引导者、服务者、管理者。作为规划者，政府要从宏观上对农地使用方向和土地流转动态进行调控和监测，并根据本地的实际情况制定切实可行的土地流转政策和规定；作为引导者，政府要通过积极的宣传、组织，解放农民思想，使农民充分了解党和政府的农地流转政策，认识到农村土地流转的重要意义和对农民自身的利益或好处，通过典型示范、政策扶持等打消农民疑虑，引导农户自主合理流转、培养新型农业经营主体，但又不能干预或者强制农民进行农地流转；作为服务者，政府应为农地流转提供规范、有序、高效的土地流转服务，如农地的确权登记与颁证、农地流转的交易信息网络平台、流转纠纷调解机制、流转中介组织的培育、农地分等定级和流转价格评估、相关法律咨询以及农村社会保障体系的建立健全、强化农村职业教育与培训，等等。作为管理者，政府要完善农地流转的程序、健全相关法律法规，促进中介组织建设以及其程序和运作的规范，建立农地流转的监督与调节机制，依法查处土地流转后的变更用途等违法用地行为，使流转后的土地利用真正做到合理与高效，防止土地使用权过于集中，消除土地流转过程中的垄断和不公平现象，保障农村土地流转的方向不能偏离土地流转制度变革的宗旨。

8.4.5 农户应提高认识、转变观念，增强自主发展能力

本书的实证分析表明，农地流转市场的市场分割与不完善会影响和制约农户农地流转意愿的实现，而政府职能的缺位和失位也容易影响农

户的农地流转意愿。但作为农地流转的主体，部分农户思想意识落后、自主发展能力差也成为农地流转规模小、农户参与度低的重要原因。从转出方看，部分农户缺乏对国家土地流转政策法规的理解，担心流转土地后会失去土地承包经营权，进而失去生活的依靠，因而不愿轻易将土地流转出去，甚至一些已经脱离农业或长期在外务工经商的农户，也把土地作为今后生活的“退路”，宁可抛荒或者由亲属无偿耕种也不肯把土地流转出去，而“恋土情节”以及对土地升值的心理预期也阻碍了农户农地的转出。从转入方看，部分农户虽有扩大经营规模的农地转入意愿，但由于担心农村土地流转政策不稳定，政府会提前收回承包经营权，再加上农业生产自然的和市场的双重风险压力大，因此不敢规模转入或者即使转入也期限较短，不敢大胆投入、长期经营。因此，从农户层面看，要想扩大农地流转规模、提高农户农地流转参与程度，必须提高认识、转变观念，增加自主发展能力。

一是提高农户土地流转的市场意识和权利意识。农地流转就是把农地承包经营权作为一种特殊的商品在不同产权主体之间进行市场交易的一种行为。农户作为农村土地承包经营权流转的主体，要吃透国家农地流转政策，首先，必须树立和提高市场竞争意识，发挥自身的自主性和创造性，以市场机制为导向，在自愿的基础上根据约定的价格和条件把土地流转起来，实现转入和转出双方的“共赢”。其次，在市场意识的基础上，转变单家独户分散经营的“小农”思维，逐步树立土地集约化、规模化、产业化经营的现代农业经营理念，让农民从“要我流转”向“我要流转”的观念跃变。最后，提高对土地流转的权利认知，保障自身权益。农户作为流转主体，可以独立自主地享有农地流转的最终决策权，即承包土地是否流转、流转多少以及如何流转等均由自己决定，同时在订立流转合同时，应加强农户的契约意识，如果发生侵权行为，则应遵循“调解为主，仲裁为辅”的原则，积极争取自己的合法土地权益。

二是提高农户的自主发展能力。农户的自主发展能力是指农户在市场经济环境中，作为一个独立的经济实体依靠自身素能能够主动地获取信息、自主决策，并赋予实施，使家庭实力不断增强、生活水平不断提高，并最终不断完善自身的能力(乔家君，2008)，它反映了农户家庭人员发挥自身潜能，主动利用周围自然、经济和社会环境的综合能力，即所采用的"手段"、"机会"、"技能"以及所持有的价值观和心态等(李小建，等，2009)。农户的自主发展能力在很大程度上影响着农民收入的增加和农民生活水平的提高，而资源、环境和自身条件相似农户的农地流转意愿与行为之所以呈现出明显差异，实际上是因为农户自主发展能力存在差异。在这里，提高农户自主发展能力就是使农户本身要成为不断学习的主体、提高自身的就业技能。从意愿转出方看，应积极参加各种转产转岗就业能力的培训以获取新的非农就业技能，或经商或务工或创业，获得更加广泛的就业机会，即使仍然想继续从事农业生产也可以参加各种农业技能培训，进而成为合格，乃至高层次的农业工人；从意愿转入方看，在提高自身农业生产经营技能的同时，要善于学习市场经济条件下的新知识、新经验、新技能、新观念，实现思想观念和知识的更新，使农户自觉地不断增加自身综合素质和适应外界环境变化的能力，成为现代新型的农民企业家。当然，无论是意愿转出方还是意愿转入方，从长期看都应提高受教育程度，只有提高农户的科学文化知识，农户经商、务工、创业或发展高效农业的成功率才会提高，才能增大农地流转的几率，进而促进土地流转、逐步实现农地规模经营。

参考文献

中文部分

[1]柏振忠，王红玲．“双重有限约束”下的我国农地承包经营权流转的影响因素实证分析[J]．农业技术经济，2010(3)：121-128.

[2]卞琦娟．农户土地承包经营权流转问题研究[D]．南京农业大学博士学位论文，2011.

[3]曹海涛，朱美玲，杨俊孝．农地流转农户行为因素实证分析——基于沙湾县1050户农户农地流转行为现状的调研[J]．广东土地科学，2010(2)：40-44.

[4]曹建华，王红英，黄小梅．农村土地流转的供求意愿及其流转效率的评价研究[J]．中国土地科学，2007(10)：54-60.

[5]柴源．完全竞争理论的历史渊源[J]．生产力研究，2006(11)：28-29.

[6]陈丹，唐茂华．粮食补贴、土地流转与农村社会保障——“三农”综合发展视界下的政策整合研究[J]．首都经贸大学学报，2011(6)：20-27.

[7]陈和午，聂斌．农户土地租赁行为分析——基于福建省和黑龙江的农户调查[J]．中国农村经济，2006(2)：42-48.

[8]陈红卫，吴大付．郑州市土地流转的现状、问题和对策[J]．河南科

技学院学报，2012(3)：46-48.
[9]陈丽华. 农地承包经营权流转中的地方政府行为[J]. 中共中央党校学报，2010(6)：50-53.
[10]陈美球，等. 耕地流转中农户行为的影响因素实证研究——基于江西省42个县市64个乡镇74个行政村的抽样调查[J]. 中国软科学，2008(7)：6-13.
[11]陈美球，等. 耕地流转补偿的影响因素实证分析——基于江西省42个县(市、区)的抽样调查[J]. 长江流域资源与环境，2008(5)：751-755.
[12]陈锡文. 农村改革的三个问题[N]. 第一财经日报，2010-05-31.
[13]陈小伍. 现阶段农地流转过程中农户意愿与行为研究[D]. 华中农业大学硕士学位论文，2008.
[14]陈曜，罗进华. 对中国农村土地流转缓慢原因的研究[J]. 上海经济研究，2004(6)：29-35.
[15]初玉岗. 企业家短缺与农地流转之不足[J]. 中国农村经济，2001(12)：61-64.
[16](美)道格拉斯·诺斯，罗伯特·托马斯. 西方世界的兴起[M]. 厉以平，蔡磊，译. 北京：华夏出版社，1999.
[17]邓大才. 关于土地承包经营权流转市场的几个重大判断[J]. 学术研究，2009(10)：92-97.
[18]邓大才. 农村土地的价格构成及影响因素分析[J]. 理论建设，2000(6)：18-21.
[19]邓大才. 农地流转的交易成本与价格研究[J]. 财经问题研究，2007(9)：89-95.
[20]房现敏，刘欣，王相凯. 谈《农村土地承包法》中的“农业用途”[J]. 河南农业，2008(13)：14-15.
[21]费孝通. 乡土中国：生育制度[M]. 北京：北京大学出版社，1998.

[22]高鸿业．西方经济学[M]．北京：中国人民大学出版社，2011.
[23]龚继红，钟涨宝．近现代中日农地流转政策比较及启示[J]．农业经济，2005(11)：19-20.
[24]顾颖．竞争理论——从完全竞争到不完全竞争[J]．太原市委党校学报，2007(5)：43-46.
[25]关艳．从交易费用谈我国农村土地流转市场的发展[J]．商业时代，2010(21)：115-116.
[26]郭翔宇，王颜齐．农户与村干部土地流转纠纷的博弈分析[J]．农业经济与管理，2010(3)：38-43.
[27]韩剑萍，李兴江．甘肃省农村土地流转的根本性问题及对策[J]．中国农业资源与区划，2011(4)：17-21.
[28]韩若冰．交易成本对农地流转的影响及其调试机制研究文献综述[J]．新疆农垦经济，2012(2)：18-21.
[29]韩振燕，辛天霞．产权理论与我国农村土地产权制度的改革[J]．经济体制改革，2006(4)：90-93.
[30]何国俊，徐冲．城郊农户土地流转意愿分析——基于北京郊区6村的实证研究[J]．经济科学，2007(5)：111-124.
[31]何乐为．浙江农户土地流转意愿调研[J]．浙江统计，2009(7)：13-15.
[32]贺雪峰．论农村基层组织的结构与功能[J]．天津行政学院学报，2010(11)：45-61.
[33]贺振华．劳动力迁移、土地流转与农户长期投资[J]．经济科学，2006(3)：10-18.
[34]洪名勇，关海霞．农户土地流转行为及影响因素分析[J]．经济问题，2012(8)：72-77.
[35]洪名勇．欠发达地区的农地流转分析——自贵州省4个县的调查[J]．中国农村经济，2009(8)：79-88.
[36]洪名勇．论马克思的土地产权理论[J]．经济学家，1998(1)：

29-34.
[37] 侯石安．初始禀赋差异、农业补贴与农地流转选择——全国 8 省 30 村的微观实证分析[J]．中国农业科学，2012(45)：4508-4516.
[38] 胡建锋．正确认识农村土地承包经营权流转市场[J]．农村经营管理，2009(4)：1-3.
[39] 胡同泽，任涵．农村土地流转中的主体阻碍因素分析及其对策[J]．价格月刊，2007(7)：53-55.
[40] 胡新艳．促进我国农地流转的整体性政策框架研究——基于市场形成的逻辑[J]．调研世界，2007(9)：13-16.
[41] 胡钰．农村土地流转市场建设探究——以郑州市为例[J]．经济研究导刊，2011(18)：35-36.
[42] 黄丽萍．农村承包地使用权价格低廉的原因探讨[J]．农业经济问题，2005(8)：25-29.
[43] 黄丽萍．农村土地使用权为何流而不动——析农村土地使用权流转的外部条件及政策选择[J]．学术交流，2006b(5)：80-82.
[44] 黄丽萍．农地承包经营权连片流转的困难和对策探讨[J]．福建论坛(人文社会科学版)，2010(5)：38-41.
[45] 黄丽萍．中国农地使用权流转研究[D]．厦门大学学位论文，2006a.
[46] 黄贤金，等．农村土地市场运行机制研究[M]．北京：中国大地出版社，2003.
[47] 黄晓峰，施建刚．后税费时期农地流转价格的理论与实证研究[J]．湖南农业科学，2008(1)：147-148.
[48] 黄晓峰，施建刚．中国农地产权制度的实证研究——基于湖南省的经验[J]．湖南农业科学，2008(2)：147-148.
[49] 黄宗智．长江三角洲小农家庭与乡村发展[M]．北京：中华书局，1992.
[50] 黄宗智．华北的小农经济与社会变迁[M]．北京：中华书

局，1986.
[51]贾生华，田传浩，陈宏辉．城乡交错区农地使用权市场的实证研究[J]．中国软科学，2003(2)：124-127.
[52]贾生华，田传浩，史清华．中国东部地区农地使用权市场发育模式和政策研究[M]．北京：中国农业出版社，2003.
[53]贾生华，田传浩，等．农地租赁市场与农业规模经营——基于江、浙、鲁地区农业经营大户的调查[J]．中国农村观察，2003(1)：37-45.
[54]江怡．我国农村土地流转机制的实践意义及其反思[J]．江汉论坛，2012(12)：74-77.
[55]姜德波．统一市场和转型期中国市场分割问题研究述评[J]．教学与研究，2003(9)：49-54.
[56]蒋满元．农村土地流转的障碍因素及其解决途径探析[J]．农村经济，2007(3)：23-25.
[57]金青松，Klaus Deininger. 中国农村土地租赁市场的发展及其在土地使用公平性和效率性的含义[J]．经济学季刊，2004(4)：1003-1028.
[58](美)科斯，阿尔钦，诺斯，等. 财产权利与制度变迁[M]．刘守英，译. 上海：上海三联出版社，1991.
[59]孔祥智，徐珍源．转出土地农户选择流转对象的影响因素分析[J]．中国农村经济，2010(12)：17-25.
[60]冷崇总．试论农村土地使用权流转[J]．上海农村经济，1999(4)：19-22.
[61]李昌平．三农问题，中国要避免做菲律宾第二[J]．学习月刊，2008(4)：20-21.
[62]李长健，梁菊．农村土地流转国内外研究综述与展望[J]．广西社会主义学院学报，2010(4)：79-83.
[63]李成贵．我国发展现代农业面临的主要问题和政策选择[J]．学习

与探索，2007(4)：120-124.
[64]李孔岳．农地专用性资产与交易的不确定性对农地流转交易费用的影响[J]. 管理世界，2009(3)：92-98.
[65]李启宇，张文秀．城乡统筹背景下农户农地经营权流转意愿及其影响因素分析[J]. 农业技术经济，2010(5)：47-54.
[66]李锐，张秀娥，孙明远．自由贸易区理论与共同市场理论[N]. 国际商报，2010-04-27.
[67]李文洁．国内市场分割问题的实证研究[D]. 西南财经大学博士学位论文，2011.
[68]李小建．农户地理论[M]. 北京：科学出版社，2009.
[69]李小建．中国中部农区发展研究[M]. 北京：科学出版社，2010.
[70]李小建，等．不同环境下农户自主发展能力对收入增长的影响[J]. 地理学报，2009(6)：643-653.
[71]李有军．我国人均耕地不到世界平均水平 1/2[N]. 人民日报海外版，2012-12-26.
[72]李振远．我国农户农地流转行为与流转权益保障研究[D]. 福建农林大学博士学位论文，2011.
[73]梁丽娟．租金的地域性差异及其对土地承包经营权流转的影响[J]. 中国物价，2009(11)：63-66.
[74]梁双陆，程小军．国际区域经济一体化理论综述[J]. 经济问题探索，2007(1)：40-46.
[75]林国强．制度变迁与当代经济法律模式的选择[J]. 改革与战略，2008(4)：7-9.
[76]林善浪，张丽华．农村土地转入意愿和转出意愿的影响因素分析[J]. 财贸研究，2009(4)：35-41.
[77]林文益．论国内统一市场的形成[J]. 北京商学院学报，1994(1)：9-14.
[78]林毅夫．再论制度、技术与中国农业发展[M]. 北京：北京大学出

版社，2000.
[79]林毅夫．制度、技术与中国农业发展[M]．上海：上海三联书店、上海人民出版社，1995.
[80]林玉姝．农村耕地流转市场的发育程度及其特征——对福建省和江西省46个自然村(村民小组)的调查[J]．福建师范大学学报(哲学社会科学版)，2005(3)：62-65.
[81]刘克春，池泽新．农业税费减免及粮食补贴、地租与农户农地转入行为——以江西省为例[J]．农业技术经济，2008(1)：79-83.
[82]刘克春，林坚．农场承包经营权市场流转与行政性调整：理论与实证分析——基于农户层面和江西省实证研究[J]．数量经济技术经济研究，2005(11)：99-111.
[83]刘伟．经济改革与发展的产权制度解释[M]．北京：首都经济贸易大学出版社，2000.
[84]刘卫柏．基于Logistic模型的中部地区农村土地流转意愿分析——来自湖南百村千户调[J]．求索，2011(9)：81-83.
[85]刘玉荣，刘芳．土地使用权流转条件下的农村经济关系博弈分析[J]．北方经济，2009(4)：5-6.
[86]陆松福．农户微观决策模型与农地流转市场均衡分析[J]．农村经济，2005(12)：72-73.
[87]陆文聪，朱志良．农地流转供求关系实证分析——以上海为例[J]．中国农村经济，2007(1)：45-51.
[88]吕之望．产权的可转移性：中国农村土地经营权流转问题[J]．制度经济学研究，2004(4)：44-64.
[89]罗进华．影响中国农村土地流转的因素分析[J]．湖南商学院学报，2002(6)：16-20.
[90]牟燕．农业政策调整对农地流转市场的影响：理论分析与实证研究[D]．南京农业大学硕士学位论文，2007.
[91]牛梅武．土地承包经营权流转市场建设问题研究——以新疆昌吉

市为例[D]. 新疆农业大学硕士学位论文，2010.
[92]农业部经管司. 2011年农村土地承包经营及管理情况[J]. 农村经营管理，2012(5)：24-25.
[93]农业部课题组. 中国农村土地承包经营制度及合作组织运行考察[J]. 农业经济问题，1991(8)：33-40.
[94](美)道格拉斯·诺斯. 经济史中的结构与变迁[M]. 陈郁，罗华平，译. 上海：上海人民出版社，1994.
[95]彭金柱. 马克思主义经济学与新制度经济学关于制度变迁理论的比较研究[D]. 河南大学研究生硕士学位论文，2001.
[96]钱文荣. 全面化解土地流转中各种矛盾[EB/OL]. 中国农业信息网，http://www.agri.gov.cn/jjps/t20090316_1235830.htm.
[97]钱文荣. 农地流转供求关系与土地经营规模问题研究[A]. 中国农业经济学者年会论文集：统筹城乡发展深化农村改革[C]，2004(8)：417-422.
[98]钱文荣，等. 农民土地意愿经营规模影响因素实证研究——基于长江中下游区域的调查分析[J]. 农业经济问题，2007(5)：28-34.
[99]钱忠好. 农村土地承包经营权产权残缺与市场流转困境：理论与政策分析[J]. 管理世界，2002(6)：35-45.
[100]钱忠好. 农地承包经营权市场流转：理论与实证分析——基于农户层面的经济分析[J]. 经济研究，2003(2)：83-91.
[101]强妮，等. 后农业税时代河西走廊农户农地流转意愿及其影响因素分析——以张掖市为例[J]. 生态经济(学术版)，2010(1)：16-19.
[102]乔家君，党睿，赵德华. 农户自主发展能力的三商影响研究——以河南省吴沟村为例[J]. 经济地理，2009(7)：1160-1165.
[103]乔家君，赵德华，李小建. 农户自主发展能力差异比较研究[J]. 农业系统科学与综合研究，2008(3)：350-356.
[104]乔家君. 中国乡村地域经济论[M]. 北京：科学出版社，2008.

[105]秦雯．农民分化、农地流转与劳动力转移行为[J]．学术研究，2012(7)：85-88.

[106]史清华，贾生华．农户家庭农地要素流动趋势及其根源比较[J]．管理世界，2002(1)：71-77.

[107]史志强．国外土地流转制度的比较和借鉴[J]．东南学术，2009(2)：67-71.

[108]帅晓林．我国农村承包地流转市场化之研究[D]．西南财经大学博士学位论文，2010.

[109]宋圭武．农户投资行为研究若干问题述评[J]．农业技术经济，2002(4)：59-64.

[110]覃美英，程启智．农地使用权流转市场有效需求不足的成因研究[J]．理论导刊，2007(3)：67-69.

[111]唐浩，曾福生．现实中的农地产权状况还影响农地流转吗？——湖南怀化中方县土地流转的现状调查与思考[J]．农村经济，2008(11)：27-29.

[112]田传浩，贾生华．农地制度、地权稳定性与农地使用权市场发育：理论与来自苏浙鲁的经验[J]．经济研究，2004(1)：112-119.

[113]田国杰，等．种稻大户与小户间耕地流转的博弈行为分析[J]．江西农业大学学报(社会科学版)，2009(8)：13-15.

[114]王春平，等．均衡价格视角下的农村土地流转：条件、问题与对策[J]．沈阳农业大学学报(社会科学版)，2011(3)：138-142.

[115]王德忠．区域经济一体化理论的缘起、发展与缺陷[J]．商业研究，2009(2)：18-21.

[116]王辉．农地承包经营权流转利益博弈问题研究[J]．西安邮电学院学报，2009(7)：132-135.

[117]王健．社会主义市场经济的区域市场与统一市场[J]．甘肃社会科学，1995(6)：45-47.

[118]王克强，等．地产对农民多重效用理论的实证分析[J]．农业技术经济，1998(4)：40-41.
[119]王克强，刘红梅．中国农村地产市场研究[M]．上海：上海财经大学出版社，2003.
[120]王克强，刘红梅．经济发达地区农地市场中农户土地供给和需求双向不足研究[J]．经济地理，2001(12)：233-237.
[121]王丽．农户自主发展能力[D]．河南大学硕士学位论文，2008.
[122]王小映．马克思主义与新制度经济学制度变迁理论的比较[J]．中国农村观察，2001(4)：20-26.
[123]翁贞林．农户理论与应用研究进展与述评[J]．农业经济问题，2008(8)：93-100.
[124]吴小立．农村土地使用权流转市场供求关系的经济学分析[A]．2005年全国中青年农业经济学者年会论文集，和谐社会与农村发展[C]．2005：688-692.
[125]吴易风．产权理论：马克思和科斯的比较[J]．中国社会科学，2007(2)：4-18.
[126]熊红芳，邓小红．美国日本农地流转制度对我国的启示[J]．农业经济，2004(11)：61-62.
[127]修海玉，等．农村土地流转运作方式与土地流转市场建设初探[J]．农业经济问题，1994(11)：16-20.
[128]徐勇，邓大才．社会化小农：解释当今农户的一种视角[J]．学术月刊，2006(7)：5-12.
[129]徐智环．农户耕地使用权流转市场发育的制约因素——基于农户理性行为的经济学分析[J]．农场经济管理，2005(2)：49-51.
[130]许恒周，郭玉燕，石淑芹．农民分化对农户农地流转意愿的影响分析——基于结构方程模型的估计[J]．中国土地科学，2012(8)：74-79.
[131]杨军．社会治理视角下的政府主导型土地流转性质分析[J]．安徽

农业科学，2012(40)：42-44.
[132]杨希玲．河南省农村土地流转现状分析和对策探[J]．湖北农业科学，2012(6)：2386-2388.
[133]杨学成，曾启．试论农村土地流转的市场化[J]．管理世界，1994(4)：16-22.
[134]姚洋．非农就业结构与土地租赁市场的发育[J]．中国农村观察，1999(2)：16-21.
[135]姚洋．土地、制度和农业发展[M]．北京：北京大学出版社，2004.
[136]姚洋．中国农地制度：一个分析框架[J]．中国社会科学，2000(2)：54-65.
[137]叶剑平，等．中国农村土地流转市场的调查研究——基于2005年17省调查的分析和建议[J]．中国农村观察，2006(4)：48-55.
[138]银温泉，才宛如．我国地方市场分割的成因和治理[J]．经济研究，2001(6)：3-12.
[139]于浩伟，等．农村土地流转需求规模影响因素的实证分析——以山东省日照市为例[J]．安徽农业科学，2010(38)：1482-1485.
[140]于洋，关立新．中国农地流转供求态势探析[J]．学习与探索，2006(2)：238-241.
[141]于振荣，刘艳．农地使用权流转的背景分析[J]．大连海事大学学报，2007(4)：37-41.
[142]曾祥明．江汉平原农村土地流转研究[J]．统计与决策，2006(3)：87-89.
[143]张红宇．中国农地调整与使用权流转：几点评论[J]．管理世界，2002(5)：76-87.
[144]张聚昌．马克思制度变迁理论范式微观诠释初探[J]．理论探讨，2011(6)：72-77.
[145]张娟．农村集体土地承包经营权登记与流转关系的实证分析[J]．

生产力研究，2006(7)：45-48.

[146]张文秀，等．农户土地流转行为的影响因素分析[J]．重庆大学学报(社会科学版)，2005(1)：14-17.

[147]张照新．中国农村土地流转市场发展及其方式[J]．中国农村经济，2002(2)：19-32.

[148]章奇，等．要素禀赋、政策性干预与90年代中国农村土地租赁市场中的配给现象[J]．世界经济文汇，2007(3)：1-15.

[149]赵光，李放．非农就业、社会保障与农户土地转出——基于30镇49村476个农民的实证分析[J]．中国人口·资源与环境，2012(10)：102-110.

[150]赵杰．中国农村土地使用权流转研究综述[J]．现代农业科学，2009(3)：208-231.

[151]赵晓力．中国近代农村土地交易中的契约、习惯与国家法[J]．北大法律评论，1998(2)：427-504.

[152]赵晓秋，李后建．西部地区农民土地转出意愿影响因素的实证分析[J]．中国农村经济，2009(8)：70-78.

[153]赵亚平，肖湘．我国国内统一市场理论研究的发展[J]．宏观经济研究，2001(1)：62-64.

[154]赵阳．共有与私用——中国农地产权制度的经济学分析[M]．北京：三联书店，2007.

[155]郑风田．制度变迁与中国农民经济行为[M]．北京：中国农业科技出版社，2000.

[156]钟林，唐小我．农地流转交易的市场均衡分析[J]．中国管理科学，2009(4)：141-147.

[157]钟涨宝，陈小伍，王绪朗．有限理性与农地流转过程中的农户行为选择[J]．华中农业大学学报，2007(6)：113-118.

[158]钟涨宝，汪萍．农地流转过程中的农户行为分析——湖北、浙江等地的农户问卷调查[J]．中国农村观察，2003(6)：55-64.

[159]周春芳．经济发达地区农户土地流转影响因素的实证研究[J]．西北农林科技大学学报(社会科学版)，2012(6)：37-43.

[160]周飞．论农地市场化流转的必要性和可行性[J]．农村经济与科技，2005(11)：8-9.

[161]周亚越，等．农村土地流转：农民意愿与政策建议——基于江浙沪6个乡村的调查[J]．农村经济，2009(7)：19-22.

[162]朱强．基于TRA的农户农地流转行为研究——以湖南常德市322户农户为例[J]．湖南科技大学学报(社会科学版)，2010(1)：96-101.

[163]邹东涛，席涛．制度变迁中个人、企业和政府行为主体的经济分析[J]．北京大学学报(哲学社会科学版)，2002(2)：5-14.

外文部分

[1]Abhijit V. Banerjee, Paul J. Gertler, Maitreesh Ghatak 2002, "Empowerent and Efficiency: Tenancy Reform in West Bengal", The Journal of Political Economy, Vol. 110, No. 2 (Apr), pp. 239-280.

[2]American rural small—scale Delegation, "Rural Small Industry in the People's Republic of China" (a report), Berkeley, University of California Press, 1977.

[3]Ananish Chaudhuri and Pushkar Maitra 2002, "On the Choice of Tenancy Contracts in Rural India", Economica, New Series , Vol. 69, No. 275, Aug, pp. 445-459.

[4]Arild Angelsen. Playing Games in the Forest: State-Local Conflicts of Land Appropriation. Land Economics, Vol. 77, No. 2, Tropical Deforestation and Land Use, pp. 285-299.

[5]Arnab K. Basu, Oligopsonistic *Landlords, Segmented Labour Markets, and The Persistence of Tier-Labor Contracts.* American Agricultural

Economics Association, 2002 (2): 438-453.

[6] Arjun Subrahmanyan, Land Use in China: The Impact of the Economic Revolution. China Law & Practice. London: Nov. 2004: 1.

[7] Barrett C. B., and J. R. Li, *Distinguishing Between Equilibrium and Integration in Spatial Price Analysis.* American Journal of Agricultural Economics. Vol. 84, 2002.

[8] Barrett C. B., *Market Analysis Methods: Are Our Enriched Toolkits Well Suited to Enlivened Markets?* American Journal of Agricultural Economics, Vol. 78, 1996.

[9] Beattie, Hillary, Land and Lineage in China, New York: Cambridge University Press, 1979.

[10] Besley T., *Property Rights and Investment Incentives: Theory and Evidence from China.* Journal of Political Economy, Vol. 103, 1995.

[11] Binswanger H. P., Rosenzweig M. R. *Behavioral and Material Determinants of Production Relations in Agriculture.* Journal of Development Studies, 1986, 22 (22): 503-539.

[12] Binswanger, Hans P, Deininger, et al., *Power, Distortions, Revolt and Reform in Agricultural Land Relations.* Handbook of Development Economics, 1995.

[13] Brandt L., J. K. Huang, G. Li and S. Rozelle. Land Rights in China: Facts, Fictions and Issues. China Journal, 2002(47): 67-97.

[14] Brandt Loren, Rozelle Scott, Turner Matthew. Local Government Behavior and Property Rights Formation in Rural China[M]. Toronto: University of Toronto, 2002.

[15] Carl John Lagerkvist. "Agricultural policy uncertainty and farm level adjustments—the case of direct payments and incentives for farmland investment", European Review of Agricultural Economics, Vol. 32(1), March, pp. 1-23.

[16] Carter, Michael, Yao Yang. *Local versus global separability in agricultural household models: The factor price equalization effect of land transfer rights*. American Journal of Agricultural Economics, 2002, 84 (3): 702-715.

[17] Cater M. R., Yao Yang. *Market versus Administrative Reallocation of Agricultural Land in A Period of Rapid Industrialization*. World Bank. Development Research, 1999.

[18] Chayanov A. The Theory of Peasant Economy, Madison: University of Wisconsin Press, 1986.

[19] Coase. R. H. 1960, The Problem of Social Cost. Journal of Law and Economics 3: 1-44.

[20] Dassu, Marta and Tony Saich eds. The Reform Decade in China, Routledge Chapman & Hall Inc. , New York, 1992.

[21] Deininger K. , Feder G. *Land Institution and Land Markets*. World Bank Policy Research Working Paper, 1998.

[22] Deininger, Klaus. *The potential of land rental markets in the process of economic development: Evidence from China* . Journal of Development Economics, 2005, 78(1): 241-270.

[23] Ding C. R. Land policy reform in China: assessment and prospects[J]. Land Use Policy, 2003, 20(2): 109-120.

[24] Dong X. Y. *Two-Tier Land Tenure System and Sustained Economic Growth in Post-*1978 *Rural China*. World Development, 1996, 24(5): 915-928.

[25] Elizabeth Brabec, Chip Smith. *Agricultural land fragmentation: the spatial effects of three land protection strategies in the eastern United States*. Landscape and Urban Planning. Vol. 58, Issues 2-4, 15 February 2002: 255-268.

[26] Emmanuel Skoufias, Household Resources, Transaction Costs, and

Adjustment through Land Tenancy . Land Economics, Vol. 71, No. 1 (Feb. , 1995), pp. 42-56.

[27] Esther Du. Rachel Glennersterzand Michael Kremer. Using Randomization in Development Economics Research: A Toolki 2006.

[28] Feder Gershon, Tonroj O. *Land Policies and Farm Productivity in Thailand*. Johns Hopkins Press, 1998.

[29] Goldberg, P. K. and Knetter M. M. *Goods Prices and Exchange Rates: What Have We Learned?* Journal of Economic Literature, Vol. 35, 1997.

[30] Hanan G. Jacoby, Guo Li, and Scott Rozelle. Tenure insecurity and investment in rural China[J]. The American Economic Review, 2002, Vol. 92, No. 5, pp. 1420-1447.

[31] Hans P. Binswanger, Klaus Deininger, Gershon Feder. *Power, distortions, revolt and reform in agricultural land relations* . Handbook of Development Economics, Vol. 3, Part 2, 1995: 2659-2772.

[32] Huang, The Peasant Economy and Social Change in North China. Stanford: Stanford University, 1985.

[33] Huang, The Peasant Family and Rural Development in the Yangzi Delta, Stanford: Stanford University, 1990.

[34] Kessler C. A. Decisive key-factors influencing farm households' soil and water conservation invesunents, 2006.

[35] Klaus D. , Edurdo Z., Isabel L. Determinants and Impacts of Rural Land Market Activity: Evidence from Nicaragua. World Development, 2003(31): 1385-1404.

[36] Klaus Deininger, Daniel Ayalew Ali. *Do Overlapping Land Rights Reduce Agricultural Investment Evidence from Uganda*. Amer. J. Agr. Econ. 2008, 90(4): 869-882.

[37] Klaus Deininger, Songqing Jin. Land Sales and Rental Markets in Transition Evidence from Rural Vietnam[J]. Policy Research Working

Paper, 2003(4).

[38] Kung James Kai-Sing. Off-farm labor markets and the emergence of land rental markets in rural China [J]. Journal of Comparative Economics, 2002, 30(2): 395-414.

[39] Kung J. K. Egalitarianism, Subsistence Provision and Work Incentive in China's Agricultural Collectives. World Development, 1994, Vol. 22, No. 2, pp. 175-188.

[40] Liesbet Vranken. Johan Swinnen, Land Rental Markets in Transition: Theory and Evidence from Hungary, 2006(34).

[41] Lee Liu, Labor location and agricultural land use in Jilin, China. Professional Geographer. Washington: Feb. 2000. Vol. 52, Iss. 1; p. 74.

[42] Lin T. C. Land assembly in a fragmented land market through land readjustment[J]. Land Use Policy, 2005, 22(2): 95-102.

[43] Li Guo, Rozelle Scott, Brandt Loren. Tenure, Land Rights and Farmer Investment Incentives in China. Agricultural Economics, 1998 (19): 63-71.

[44] Liguo, Scott Rozelle, Huang Jikun. *Land rights, farmer investment incentives, and agricultural production in China*. Davis: University of California, 2000.

[45] Lohmar, Bryan. The Effects of Land Tenure and Grain Quota Policies on Farm Households Labor Allocation in China. University of California, Davis, 2000.

[46] Lohmar B., Z. Zhang and A. Somwaru. Land Rental Market Development and Agricultural Production in China. Paper Presented at the 2001 Annual Meeting, Chicago, Illinois, August 5-8, 2001.

[47] Meredith J. Soule, Abebayehu Tegene, Keith D. Wiebe 2000, "Land tenure and the Adoption of Conservation Practices", American Journal of Agricultural Economics, Vol. 82, No. 4 (Nov.), pp. 993-1005.

[48] Michael R. Cater and Yang Yao 2002, " Local versus Global separability in Agricultural Household Model: The Factor Price Equalization Effect of Land Transfer Rights", American Journal of Agricultural Economics , Vol. 84, No. 3, Aug., pp. 702-715.

[49] P. A. Yotopoulos, J. B. Nugent. *Economics of Development: Empirical Investigations.* Harper and Row, New York, 1975.

[50] Polanyi, Conrad M. Arensberg, and Harry W. Pearson, eds: Trade and Market in the Early Empires: Economies in History and Theory · Glencoe, Free Press, 1957.

[51] Popkin. The rational Peasant: The Political Economy of Rural Society in Vietnam Berkley, University of Califorlia Press, 1979.

[52] Qu F. , Heerink, N. & Wang. W. M. Land administration reform in China[J]. Land Use Policy, 1995, 12(3): 193-203.

[53] Ravallion M. M., Testing *Market Integration.* American Journal of Agricultural Economics, Vol. 68, 1986.

[54] Schultz. Transforming Traditional Agriculture, New Haven: Yale University Press, 1964.

[55] Scott , James C. The Moral Economy of the Peasant: Rebellion and Subsistence in Southeast Asia, Yale University Press, 1976.

[56] Shuyi, Nico Herink. Land rental market off-farm employment and agricultural production in Southeast China: A plot-level case study. China Economy Review, 2010(11).

[57] Song Qingjin, Klaus Deininger. *Land rental markets in the process of rural structural transformation: Productivity and equity impacts from China.* Washington DC: World Bank Research Department, 2006.

[58] Sorensen A. Conflict, consensus or consent: implications of Japanese land Readjustment practice for developing countries [J]. Land Use Policy, 2000, 24(1): 51-73.

[59] Sorensen A. Land readjustment and metropolitan growth: an examination of suburban land development and urban sprawl in the Tokyo metropolitan area[J]. Land Use Policy, 2000, 53(4): 217-330.

[60] Shenggen Fan, Cheng Fang, Xiaobo Zhang, Agricultural research and urban poverty: The case of China. World Development. Oxford, 2003, Vol. 31, Iss. 4, p. 733.

[61] Shenggen Fan, Research investment and the economic returns to Chinese agricultural research. Journal of Productivity Analysis. Norwell Sep. 2000, Vol. 14, p. 163.

[62] Timothy Besley. Property rights and Investment Incentives: Theory and Evidence from Ghana[J]. The Journal of Political Economy, 1995, Vol. 103, No. 5 , pp. 903-937.

[63] Yao Yang . The development of land lease market in rural China[J]. Land Economics, Vol. 76, 2000(18): 121-126.

[64] Willock J. , Dent B. & Deary I. J. Farmers' Attitudes, Objectives, Behaviors and Personality Traits: The Edinburgh Study of Decision Making on Farms[J]. Journal of Vocational Behavior, 1999(54): 5-36.

[65] William W. Liberating the land: the case for private land-use planning [J]. Land Use Policy, 2002, 19(4): 333-337.